文言文满分计划

世说新语精讲

王 征 主 编

于 飞 申晓方 副主编

扫描二维码
领取五次录播课

化学工业出版社

·北京·

内容简介

本套书共两册：精讲册和精练册。精讲册精选了《世说新语》242则小故事，内容涉及德行、言语、政事、文学、方正、雅量、识鉴等36个门类，在原文前设"题解"，原文后附注释、译文，设"考试重点字词""成语""点评"等，读者在阅读这些有趣故事的过程中，可轻松培养文言文语感，增强文言文理解能力，提升文言文学习水平。精练册是针对原文的巩固练习，题型包括解释重点字词的含义、翻译句子、思考题等，方便读者夯实消化所学知识。

本书不仅适合中小学生用于文言文的学习，也适合对文言文或历史感兴趣的其他年龄段读者阅读。

图书在版编目（CIP）数据

文言文满分计划：世说新语精讲 / 王征主编 . --
北京：化学工业出版社，2025.2
ISBN 978-7-122-41788-6

Ⅰ.①文… Ⅱ.①王… Ⅲ.①文言文 – 中小学 – 教学
参考资料 Ⅳ.① G634.303

中国版本图书馆 CIP 数据核字（2022）第 112642 号

责任编辑：吕佳丽　王丽丽　　　　　　　　装帧设计：李子姮
责任校对：杜杏然

出版发行：化学工业出版社（北京市东城区青年湖南街 13 号　邮政编码 100011）
印　　装：河南省诚和印制有限公司
889mm×1194mm　1/16　印张 18　字数 369 千字　2025 年 7 月北京第 1 版第 1 次印刷

购书咨询：010-64518888　　　　　　　　售后服务：010-64518899
网　　址：http://www.cip.com.cn
凡购买本书，如有缺损质量问题，本社销售中心负责调换。

定　　价：79.80 元

《世说新语》由中国南朝刘宋宗室临川王刘义庆组织一批文人编写，是一部主要记述魏晋人物言谈逸事的笔记小说。阅读《世说新语》能帮助学生快速了解魏晋时期的风流人物、时代精神以及各种历史知识，同时也能培养学生阅读古文的兴趣，提高人文素养，打好文言文学习的基础。

针对目前家长普遍反映的孩子文言文学习困难的问题，我们适时推出这套图书，希望能帮助学生扫清古文阅读的障碍，让学生走近、熟悉并喜爱上《世说新语》这本古典名著。与市场上众多的同类书相比，本套书具有以下显著特点：

一、采用文后注释和翻译的形式，方便阅读

针对学生对古典文学名著认知的需求，以及学生阅读过程中可能会遇到的难点，本书采取了文后注释和翻译的方法，不仅对作品里的生僻字词进行注音，对难理解的字词进行解释，而且对作品中出现的一些人物、官职、相关的传说、天文地理知识、历史文化背景等进行了简要解释说明，同时给出全文翻译。本书注释简洁明了，翻译清楚准确，可以使学生真正无障碍地顺利阅读作品、理解作品内容。

二、附以"题解"和"点评"，加深理解

全书分为不同门类，在每一门类前都附有"题解"，解释这一门类的含义，从而便于学生更好地理解此门类下不同故事的共同主题；此外每一则故事都附有"点评"，以简洁的语言，或是总结主人公身上的精神品质、性格特点，或是揭示故事的寓意，从而帮助学生更好、更深入地理解故事内容。

三、附以"考试重点字词"和"成语"，夯实基础

原文中需要重点掌握的、小学容易考到的字词均单独列出，每一则故事下设"考试重点字词"栏目，并加以解释。通常学生掌握了这些最基础的字词含义，配合注释，便能够较为容易地理解文言文了。此外，由于《世说新语》语言精练含蓄，隽永传神，有许多广泛应用的成语出自此书，如"席不暇暖""东床坦腹""覆巢之下，岂有完卵"等，所以本书对故事中出现的成语都进行了归纳，使得学生了解成语出处的同时，加深对成语含义的理解，增加成语知识的积累。

四、立足文中的知识点，巩固练习

每一则故事后都附有针对性的"巩固练习"，要求翻译文中重点字、词、句，针对文中出现的成语、人物性格特征、故事揭示的道理等进行提问，考查学生对这一则文言文所含知识点的掌握情况。随书附有参考答案，供学生对照使用。

在本书编写的过程中，参考了如下几部著作：张万起、刘尚慈《世说新语译注》（中华书局 1998 年版），朱碧莲《世说新语详解》（上海古籍出版社 2013 年版），程帆《世说新语》（修订版）（北京教育出版社 2013 年版），鲁迅《中国小说史略》（中华书局 2016 年版）等。尤其王能宪《世说新语研究》（江苏古籍出版社 1992 年版）及范子烨《中古文人生活研究》（山东教育出版社 2001 年版）两书，对我们了解《世说新语》中文士的生活文化背景颇有帮助。

本书由北京读书种子教育科技有限公司组织编写。王征担任主编，于飞、申晓方任副主编，孙小皎、赵莹莹、刘佳、李亚琪、张亚楠参与编写。在此向所有工作伙伴致以诚挚谢意。本书可能存在疏漏、不足，敬请读者批评、指正。

编　者

褒赏篇

贬抑篇

褒赏篇

德行第一

| 题 解 |

　　德行，指人的道德品行。本篇所谈的是魏晋南北朝时期，士族阶层认为值得学习的、可以作为道德准则和规范的言语和行动。其中所讲的陈仲举礼遇贤士、荀巨伯为朋友舍生取义、华歆信守诺言帮助别人等，正是当时士族阶层所推崇的道德行为。

　　原文共四十七则，本书选其中十一则。

一

　　陈仲举①言为士②则，行为世范。登车揽辔（pèi）③，有澄（chéng）清天下之志。为豫章④太守⑤，至，便问徐孺（rú）子⑥所在，欲先看之。主簿（bù）⑦白："群情欲府君⑧先入廨（xiè）⑨。"陈曰："武王式⑩商容⑪之闾（lú）⑫，席不暇（xiá）暖。吾之礼贤，有何不可！"

| 注 释 |

① 陈仲举：名蕃，字仲举，东汉桓（huán）帝时任太尉，灵帝时任太傅。当时宦（huàn）官专权，他与大将军窦（dòu）武谋诛宦官，未成，反被害。
② 士：泛指读书人，知识阶层。
③ 登车揽辔：登上车子，拿起缰绳。这里指赴任做官。揽：把持。辔：驾驭牲口的缰绳。
④ 豫章：郡名，治所（政府驻地）在南昌（今江西省南昌市）。
⑤ 太守：郡的行政长官。
⑥ 徐孺子：名稚，字孺子，东汉南昌人，是当时的名士、隐士。

⑦ 主簿：官名，主管文书簿籍及印信。

⑧ 府君：汉代对郡相、太守的尊称。

⑨ 廨：官署，衙门。

⑩ 式：通"轼"，车前用作扶手的横木。这里用作动词，意思是以手扶轼，为古人表示敬意的一种礼节。此处代指拜访。

⑪ 商容：商纣时的贤臣，为纣王所贬。

⑫ 闾：里巷之门，指住处。

译文

陈仲举的言谈是读书人的准则，行为是世间的模范。（他）赴任做官之时，就有整治社会弊端、匡正天下的志向。出任豫章太守时，（他）一到治所，就打听徐孺子住在何处，想先去拜访他。主簿禀告说："大家的意思是希望太守您先进官署。"陈仲举说："周武王灭商即位后，座席都没有坐暖，即刻到商容的住处去拜访致敬。我礼遇贤士，（不先进官府）有什么不可以呢！"

考试重点字词

（1）则：准则。　（2）范：模范。　（3）为：出任，担任。

（4）至：到。　（5）欲：想要。　（6）白：禀告，报告。

（7）礼贤：礼遇贤者。

成语

席不暇暖：连席还没有来得及坐热就起来了。后形容奔波忙碌，没有坐下的工夫。暇，空闲。

点评

陈仲举担任豫章太守，刚刚到治所，不先去官署，而想要先去拜访当地的贤士徐孺子，表现了他效仿周武王尊敬贤哲、礼贤下士的品格。

二

荀巨伯①远看友人疾，值胡②贼攻郡，友人语（yù）巨伯曰："吾今死矣，子③可去。"巨伯曰："远来相视，子令吾去，败义以求生，岂荀巨伯所行邪（yé）？"贼既至，谓巨伯曰："大军至，一郡尽空，汝何男子，而敢独止？"巨伯曰："友人有疾，不忍委之，宁以我身代友人命。"贼相谓曰："我辈无义之人，而入有义之国。"遂（suì）班军④而还，一郡并获全。

注释

① 荀巨伯：东汉人，因重视友谊而闻名。

② 胡：我国古代泛称北方边地与西域的民族为胡，后也泛指一切外国为胡。

③ 子：对对方的尊称，相当于"您"。

④ 班军：班师，调回出征的军队或出征的军队胜利归来。班：返回，调回。

译文

荀巨伯到远处探望生病的朋友，恰好遇到胡人军队攻打郡城，朋友对巨伯说："我今天死定了，您可以离开了。"巨伯说："（我）大老远来看您，您却让我离开，败坏道义来求得存活，这难道是我荀巨伯会做的事吗？"胡人到后，对巨伯说："大军到了，整个郡城都空了，你是何等样的汉子，竟敢独自留下来？"巨伯说："朋友有病，（我）不忍心抛下他，宁愿用我自己的性命来换取朋友的性命。"胡人听了互相议论说："我们这些不讲道义的人，却侵入了讲道义的地方！"于是调转军队返回了，全郡也一起得以保全。

考试重点字词

（1）值：遇到，恰逢。　　（2）去：离开。

（3）邪：语气助词，表疑问，相当于"吗"。

（4）既：已经。　　（5）尽：全，都。

（6）委：抛弃，舍弃。　　（7）遂：于是，就。

点评

荀巨伯去探望生病的朋友，却遇上了战乱。他不肯舍朋友而去，宁愿牺牲自己来保全友人。入侵者被感动，撤兵而去。他的义举使得全郡得以保全。本文赞扬了荀巨伯重视友情、先人后己、舍身取义的高尚品质。

三

　　管宁①、华歆（xīn）②共园中锄菜，见地有片金，管挥锄与瓦石不异，华捉③而掷（zhì）去之。又尝同席④读书，有乘轩（xuān）冕（miǎn）⑤过门者，宁读如故，歆⑥废⑦书出看。宁割席分坐，曰："子非吾友也！"

注释

① 管宁：字幼安，魏人，终生没有做官。
② 华歆：字子鱼，魏人，东汉献帝时任豫章太守，入魏后官至司徒，明帝时进封博平侯。
③ 捉：持，握。
④ 席：座席，是古人的坐具。
⑤ 轩冕：古代大夫以上的贵族坐的车和戴的礼帽。轩：大夫以上的官员乘坐的前顶较高且有帷幕的车子。冕：古代帝王诸侯及卿大夫所戴的礼帽。这里是偏义复词，指车子。
⑥ 宁、歆：上文称管，这里称宁，同指管宁；上文称华，这里称歆，同指华歆。古文惯例，人名已见于上文时，就可以单称姓或名。
⑦ 废：放置，放下。

译文

　　管宁和华歆在园中一起锄地种菜，看见地上有一片金子，管宁挥动锄头，把金子看得和瓦块、石头没有什么不同，华歆却把金子捡起来扔掉。（他们）还曾经在一张座席上读书，有达官贵人乘坐华丽的马车从门口经过，管宁照旧读书，华歆却放下书本跑出去看。管宁割断席子与华歆分开坐，说："你不是我的朋友！"

考试重点字词

（1）共：共同，一起。　　（2）掷：扔。　　（3）尝：曾经。

成语

割席分坐：把座席割断，不再同坐一席。表示朋友绝交或与他人划清界限。

点评

文章描写了管宁和华歆结伴读书时的两件小事，表现了二人不同的性格特点。管宁读书刻苦，淡泊名利。华歆对财富、官禄则心向往之。管宁与华歆绝交，说明管宁是个非常坚守自己原则的人。

四

华歆、王朗①俱乘船避难（nàn）②，有一人欲依附，歆辄（zhé）难（nán）之。朗曰："幸尚宽，何为不可？"后贼追至，王欲舍所携（xié）人。歆曰："本所以疑③，正为此耳。既已纳（nà）其自托④，宁（nìng）可以急相弃邪？"遂携拯（zhěng）如初。世以此定华、王之优劣。

注释

① 王朗：本名严，后改为朗，字景兴，魏人，东汉末为会稽太守，曹操征为谏议大夫，参司空军事，文帝时改为司空，进封乐平乡侯，明帝时转为司徒。

② 避难：这里指躲避汉魏之交的动乱。

③ 疑：迟疑，犹豫不决。

④ 纳其自托：接受了他托身的请求，指同意他搭船。

译文

华歆、王朗一起乘船避难，有一个人想跟随他们，华歆立刻表示为难。王朗说："幸好船还很宽敞，为什么不可以呢？"后来贼兵追上来了，王朗想要舍弃那个搭船的人。华歆说："我本来之所以犹豫，正是为了这个。既然已经答应了他的请求，难道可以因为情况紧急就抛弃他吗？"于是仍然像当初那样带着那个人。世人凭借这件事来评定华歆和王朗的优劣。

考试重点字词

（1）俱：一起。　　（2）欲：想要。

（3）依附：跟随。　　（4）辄：立即，就。

（5）难之：即"以之为难"。难，用作动词，拒绝之意。

（6）至：到。　　（7）舍：舍弃，放下。　　（8）宁：难道。

（9）以：因为。　　　　（10）弃：抛弃，放弃。

点评

华歆在危急时仍然遵守承诺，没有抛弃搭船的人，故事赞扬了他言必信，行必果，已诺必成，有始有终的品格。而王朗只能交好于平时，不能共患难，不值得信赖。

五

顾荣①在洛阳，尝应人请，觉行炙（zhì）人②有欲炙之色，因③辍（chuò）己④施焉。同坐嗤（chī）⑤之，荣曰："岂有终日执之，而不知其味者乎？"后遭乱渡江，每经危急，常有一人左右⑥己。问其所以⑦，乃受炙人也。

注释

① 顾荣：字彦先，西晋官员。
② 行炙人：端送烤肉的人。炙：烤肉。
③ 因：于是，就。
④ 辍己：指自己停下来不吃。
⑤ 嗤：讥笑。
⑥ 左右：帮助。
⑦ 所以：缘故。

译文

顾荣在洛阳时，曾经应别人的邀请赴宴，（在宴席上）发觉端送烤肉的人有想吃烤肉的神情。（顾荣）于是停下来不吃而把自己的那份烤肉给了他。同座的人都笑话他，顾荣说："哪有整天端着烤肉，却不知道它味道的人呢？"后来（顾荣）遭遇战乱南渡长江，每到危急时刻，常常有一个人帮助自己。问他这样做的缘故，原来他就是（当初）接受烤肉的那个人。

考试重点字词

（1）尝：曾经。　　　　（2）欲：想要。

（3）辍：停止，中止。　　　（4）执：拿。

点评

　　顾荣是西晋末年拥护司马氏政权南渡的江南士族首脑。顾荣给仆人吃烤肉，之后每次遇险，那个仆人都会帮助他。这个故事赞扬了顾荣体恤下人、推己及人、肯为别人着想的品质和行炙人知恩图报的品质。

六

　　周镇①罢临川郡还都，未及上住，泊②青溪渚（zhǔ）。王丞相③往看之。时夏月，暴雨卒（cù）④至，舫（fǎng）⑤至狭小，而又大漏，殆（dài）⑥无复坐处。王曰："胡威⑦之清，何以过此！"即启用为吴兴郡。

注释

① 周镇：字康时，晋人，官临川、吴兴郡守。

② 泊：停泊。

③ 王丞相：王导，字茂弘，辅助晋元帝经营江左，任扬州刺史、录尚书事，后任丞相。

④ 卒：通"猝"（cù），突然。

⑤ 舫：船。

⑥ 殆：几乎。

⑦ 胡威：字伯武（又作伯虎），曹魏至西晋时期名臣，为官清廉。

译文

　　周镇被免去临川郡守职务返回都城，还没来得及上岸住宿，将船停在了青溪渚，丞相王导去看望他。当时正是夏天，突然下起了暴雨，船很狭小，又漏雨漏得厉害，几乎再没有什么可以坐的地方。王导说："胡威的清廉，怎么能超过周镇这样的情形呢！"就立即起用周镇做吴兴郡太守。

考试重点字词

（1）还：返回。　　（2）时：那时，当时。

（3）至：很，极。　　（4）复：再，又。

点评

文章描写了周镇被免去临川郡守职务，返回都城，只乘坐了一条极其窄小又漏雨的船的故事，赞扬了周镇为官清廉、洁身自律的品格。

七

庾（yǔ）公①乘马有的（dì）卢②，或语令卖去。庾云："卖之必有买者，即复害其主，宁可不安己而移于他人哉？昔孙叔敖③杀两头蛇以为后人，古之美谈。效之，不亦达乎？"

注释

① 庾公：庾亮，字元规，东晋名臣，曾任征西将军，兼领江、荆、豫三州刺史。

② 的卢：马名，额部有白色斑点。传说为凶马，会给乘坐者带来厄运。

③ 孙叔敖：蒍（wěi）氏，名敖，字孙叔，春秋时代楚国的令尹。据刘向《新序》载，孙叔敖小时候在路上看见一条两头蛇，回家哭着对母亲说："听说看见两头蛇的人一定会死，我今天竟看见了。"母亲问他蛇在哪里，孙叔敖说："我怕别人再见到它，就把它打死埋掉了。"他母亲说："你心肠好，一定会好心得好报，不用担心。"

译文

庾亮乘坐的马中有一匹是的卢马，有人让他卖掉（这匹马）。庾亮说："卖它，就一定有买它的人，那就又害了它的买主，怎么能把自己的不安转移给他人呢？从前孙叔敖杀死两头蛇来帮助后面的人（除害），成为古来为人称颂的事。（我）效仿他，不也算是通晓事理吗？"

考试重点字词

（1）**或**：有人。　（2）**复**：再，又。

（3）**宁可**：岂可，怎么能。　（4）**昔**：从前，过去。

（5）**美谈**：指为人称颂乐道的事。

点评

庾亮有一匹的卢马，有人劝他把马卖掉，但庾亮认为这样做会害买主，因此不肯卖掉，体现了他效仿古人、为别人着想、舍己为人的高尚品德。

八

谢奕（yì）①作剡（shàn）②令③，有一老翁犯法，谢以醇（chún）酒④罚之，乃至过醉而犹未已。太傅⑤时年七八岁，著青⑥布绔（kù）⑦，在兄膝边坐，谏（jiàn）曰："阿兄，老翁可念⑧，何可作此！"奕于是改容⑨曰："阿奴⑩欲放去邪？"遂遣之。

注释

① 谢奕：字无奕，东晋大臣，谢安之兄，谢玄之父。

② 剡：剡县，今浙江省嵊（shèng）州市。

③ 令：县令，一县的行政长官。

④ 醇酒：烈酒。

⑤ 太傅：官名，这里指谢安。谢安，字安石，晋孝武帝时官至宰相，因指挥淝（féi）水之战有功进位太保，死后被追赠为太傅。

⑥ 青：蓝色。

⑦ 绔：同"裤"，裤子。

⑧ 念：怜悯，同情。

⑨ 改容：由严厉的脸色改为温和的脸色。容：脸上的神情或气色。

⑩ 阿奴：东晋南朝时，尊长对卑幼的昵称。有时平辈之间也以称对方，表示亲昵。

译文

　　谢奕担任剡县县令的时候，有一个老人犯了法，谢奕罚老人喝烈酒，以致（老人）醉酒过量但仍不停止。谢安当时只有七八岁，穿着蓝布裤，坐在兄长谢奕的膝边，劝告说："阿哥，老人家多可怜，怎么可以这样做呢！"谢奕于是一改严厉的脸色，变得温和起来，说："阿弟想要放他走吗？"于是就把老人放走了。

考试重点字词

　　（1）作：担任。　　（2）以：用。　　（3）已：停止。

　　（4）著：穿着。　　（5）谏：规劝。　　（6）欲：想要。

　　（7）遂：于是，就。

点评

　　谢奕用喝烈酒的方式惩罚一个老人，老人已经醉得很厉害，还不肯罢手，可见他缺乏仁爱之心。但他最终听从了弟弟谢安的劝告，放了老人，对弟弟充满了怜爱之情。谢安小小年纪，就明白惩戒有度的道理，不忍见老人受苦，是一个富有同情心、善良的人。

九

　　殷仲堪①既为荆州，值水俭②，食常五碗盘③，外无余肴（yáo）④。饭粒脱落盘席间，辄（zhé）拾以啖（dàn）⑤之。虽欲率物⑥，亦缘其性真素⑦。每语子弟云："勿以我受任方州⑧，云我豁（huò）⑨平昔时意⑩，今吾处之不易。贫者士之常⑪，焉得登枝而捐其本⑫！尔曹⑬其⑭存之。"

注释

① 殷仲堪：晋孝武帝太元十七年（公元392年）任荆州刺史，太元十九、二十年，荆、徐二州水灾。

② 水俭：水灾导致粮食等收成不好。俭：歉收。

③ 五碗盘：古代一种成套食器，由一个托盘和放在其中的五只碗组成，形制较小。

④ 肴：鱼、肉等荤菜。

⑤ 啖：吃。

⑥ 率物：为人表率。率：表率。物：指人。

⑦ 真素：真诚无饰，质朴。

⑧ 方州：大州。方：大。

⑨ 豁：抛弃。

⑩ 时意：时俗。

⑪ 常：常态。

⑫ "焉得"句：意指不能因为登上高枝就抛弃树根，比喻不能因为身居高位就忘掉了做人的根本。

⑬ 尔曹：你们。

⑭ 其：表命令、劝告的语气副词，大致可译为"还是、要"。

译文

　　殷仲堪担任荆州刺史以后，遇到水灾导致粮食歉收，（他）吃饭通常只用五碗盘，除此之外就没有其他的荤菜了。饭粒掉在盘里或座席上，他总是捡起来吃掉。（他这样做）虽然是想给大家做表率，却也是因为他本性质朴。（他）常常对后辈们说："不要因为我担任大州的长官，就认为我抛弃了过去的生活习惯，如今我身居高位，习惯并没有改变。清贫是读书人的常态，怎么能做官之后就丢掉做人的根本呢！你们要记住我的话。"

考试重点字词

（1）为：担任。　　（2）值：遇到，恰逢。　　（3）辄：总是。

（4）每：时常，常常。（5）以：因为。　　　　（6）易：改变。

（7）捐：弃，舍弃。

点评

　　殷仲堪担任荆州刺史，虽然身居高位，仍然保留着节俭的品德，他认为读书人不管处于什么地位，都应保有平素的操守，不应因地位的变化而改变。

十

王恭①从会（kuài）稽（jī）②还，王大③看之。见其坐六尺簟（diàn）④，因语恭："卿（qīng）⑤东来⑥，故应有此物，可以⑦一领⑧及我。"恭无言。大去后，即举所坐者送之。既无余席，便坐荐⑨上。后大闻之，甚惊，曰："吾本谓卿多，故求耳。"对曰："丈人⑩不悉恭，恭作人无长（cháng）物⑪。"

注释

① 王恭：字孝伯，王蕴之子，晋孝武帝皇后之兄。历任中书令，青州、兖州刺史等，为人清廉。

② 会稽：郡名，治所在今浙江省绍兴市。

③ 王大：王忱，字元达，小字佛大，也称阿大，是王恭的同族叔父辈，官至荆州刺史。

④ 簟：竹席。

⑤ 卿：六朝时，长辈称晚辈，或同辈熟人间的称呼。

⑥ 东来：从东边来。东晋的国都在建康（今江苏南京），会稽在建康东南。

⑦ 可以：是两个词，"可"是可以，"以"是拿。

⑧ 一领：一张。领：量词。

⑨ 荐：草垫子。

⑩ 丈人：古时晚辈对长辈的尊称。

⑪ 长物：多余的东西。

译文

王恭从会稽回来，王大去看望他。（王大）看见王恭坐着一张六尺长的竹席，于是就对他说："你从东边来，所以应该还有这种东西，可以送一张给我。"王恭没有说什么。王大走后，王恭就拿起所坐的那张竹席送给他。（他自己）既然没有多余的竹席了，就坐在草垫子上。后来王大听说这件事，十分吃惊，说："我本以为你有很多，所以才向你要的。"（王恭）回答说："您不了解我，我为人处世，没有多余的东西。"

考试重点字词

（1）**还**：返回。　　（2）**因**：于是，就。　　（3）**去**：离开。

（4）**既**：既然。　　（5）**闻**：听说。　　（6）**甚**：很，非常。

（7）**故**：所以。

成语

身无长物：意思是除自身外再没有多余的东西，形容贫穷或俭朴。

点评

古人席地而坐，因此要用坐垫。最低廉的坐垫是用稻草或芦秆编成的。文中说到的"簟"是用竹片编成的，因为会稽多竹，故此坐垫是王恭从那里带回来的。此外还有用皮或锦缎等制成的坐垫。坐垫因季节或主人家地位不同而有所不同。王恭从盛产竹席的会稽回来，仅仅带回一张竹席，说明他为官清廉。

十一

　　吴郡①陈遗，家至孝。母好（hào）食铛（chēng）②底焦饭，遗作郡主簿，恒（héng）装一囊（náng），每煮食，辄贮（zhù）录③焦饭，归以遗（wèi）母。后值孙恩④贼出吴郡，袁府君⑤即日便征。遗已聚敛（liǎn）得数斗焦饭，未展⑥归家，遂带以从军。战于沪渎（dú）⑦，败，军人溃散，逃走山泽，皆多饥死，遗独以焦饭得活。时人以为纯孝之报也。

注释

① 吴郡：郡名，治所在今江苏苏州。

② 铛：一种平底铁锅。

③ 贮录：贮藏。

④ 孙恩：东晋末，孙恩聚众数万，攻陷上虞、会稽等郡县，后来攻打临海郡时被打败，跳海自杀而亡。

⑤ 袁府君：即袁山松，一作袁崧，任吴郡太守。

⑥ 未展：未及，来不及。

⑦ 沪渎：水名，在今上海市东北吴淞江下游一段。

译文

　　吴郡人陈遗，在家里非常孝顺。他的母亲喜欢吃锅底焦饭，陈遗担任郡主簿的时候，经常装一个口袋，每次煮饭，他总是把焦饭储存起来，回家带给母亲。后来遇上孙恩贼兵侵入吴郡，袁山松当天就出征讨伐。（这时）陈遗已经攒了几斗焦饭，来不及送回家，就带着这袋焦饭随军出征。（双方）在沪渎开战，（袁山松）吃了败仗，官兵溃散，逃到山林水泽，很多人都饿死了，只有陈遗凭借所带的焦饭得以存活。当时的人认为这是对他纯厚孝心的回报。

考试重点字词

（1）**至**：极。　　（2）**好**：喜欢。　　（3）**作**：担任。

（4）**恒**：经常，常常。　（5）**每**：每次，每逢。　（6）**辄**：总是。

（7）**遗**：给予，赠送。　（8）**值**：遇到，恰逢。　（9）**遂**：于是，就。

（10）**皆**：全，都。　　（11）**以**：凭借。

点评

　　尊老爱幼、孝敬父母一直是中华民族的传统美德。陈遗怀着仁孝之心为母亲储存她喜欢吃的焦饭，遭逢战乱，最终靠所带焦饭得以存活，这个故事赞扬了陈遗纯厚的孝心，似乎也证明了"天道无亲，常与善人"这一朴素的道理。

言语第二

题解

　　言语，指人的口才辞令。魏晋时代，清谈之风盛行，对士人们的语言提出很高的要求，其言谈不仅要寓意深刻，见解精辟，而且言辞要简洁得当，举止必须挥洒自如。受此风影响，士大夫在待人接物中特别注重言辞风度的修养，悉心磨炼语言技巧，使自己具有高超的言谈本领。

　　本篇所记的是在各种语言环境中，为了各种目的而说的佳句名言，多是一两句话，非常简洁，可是却说得很得体、巧妙，或哲理深邃，或含而不露，或意境高远，或机警多锋，或气势磅礴，很值得回味。

　　原文共一百零八则，本书选其中十三则。

一

　　孔文举①年十岁，随父到洛②。时李元礼③有盛（shèng）名，为司隶校尉④，诣（yì）门者，皆俊才清称⑤及中表亲戚⑥乃通⑦。文举至门，谓吏曰："我是李府君⑧亲。"既通，前坐。元礼问曰："君与仆⑨有何亲？"对曰："昔先君仲尼⑩与君先人伯阳⑪有师资之尊⑫，是仆与君奕世⑬为通好也。"元礼及宾客莫不奇之。太中大夫⑭陈韪（wěi）后至，人以其语语（yù）之。韪曰："小时了了⑮，大未必佳。"文举曰："想君小时，必当了了。"韪大踧（cù）踖（jí）⑯。

注释

① 孔文举：孔融，字文举，是汉代末年的名士、文学家，历任北海相、少府、太中大夫等职，曾多次反对曹操，被曹操借故杀害。

② 洛：洛阳，东汉都城。

③ 李元礼：李膺 (yīng)，字元礼，东汉人。

④ 司隶校尉：官名，汉至魏晋监督京师（中央）和周边地方的监察官。东汉时常常劾奏三公等尊官，而为百官所忌惮。

⑤ 清称：有好声誉的人。

⑥ 中表亲戚：泛指内外亲戚。

⑦ 通：通报。

⑧ 府君：汉代对郡相、太守的尊称。后仍沿用。

⑨ 仆：谦称自己。

⑩ 先君仲尼：祖先仲尼。先君，祖先，与下文"先人"同义。仲尼：孔子，名丘，字仲尼。孔融是孔子二十世孙，故称。

⑪ 伯阳：老子，姓李，名耳，字伯阳。

⑫ 师资之尊：孔子曾向老子询问礼法，所以老子是孔子的老师。

⑬ 奕世：累世，世世代代。

⑭ 太中大夫：官名，主管议论政事。

⑮ 了了：聪明伶俐，明白事理。

⑯ 踧踖：局促不安的样子。

译文

孔融十岁时，随父亲到洛阳。当时李元礼很有名望，任司隶校尉，登门拜访他的人中，都是才智出众、名声很好的高雅之士及内外亲戚才能得到通报。孔融来到李府门前，对守门吏说："我是李府君的亲戚。"经通报后，孔融坐到了前面。李元礼问道："您和我有什么亲戚呢？"孔融回答道："从前我的祖先仲尼与您的祖先伯阳有师生之谊，这样看来，我和您就是老世交了。"李元礼和宾客们无不称奇。太中大夫陈韪到得晚一些，有人就把孔融的回答告诉了他，陈韪说："小时候聪明伶俐，长大了未必出众。"孔融说："想必您小时候，一定很聪明。"陈韪（听了）感到很尴尬。

考试重点字词

（1）为：担任。　　（2）诣：到，拜访。　　（3）皆：全，都。

（4）乃：才。　　（5）至：到，到达。　　（6）既：已经。

（7）昔：从前，过去。（8）奇：以……为奇，对……感到惊奇。

（9）语：作动词用，告诉。

点评

太中大夫陈韪老气横秋，轻视、贬低年幼的孔融，结果反而自讨没趣。文章通过描写人物之间的对话，突出主人公孔融小时才思敏捷、智慧过人、善于应对的特点。

二

孔融被收①，中外②惶怖。时融儿大者九岁，小者八岁，二儿故琢钉戏③，了无遽（jù）容④。融谓使者曰："冀（jì）罪止于身，二儿可得全不（fǒu）⑤？"儿徐进曰："大人⑥岂见覆巢之下，复有完⑦卵乎？"寻亦收⑧至。

注释

① "孔融"句：这里叙述孔融被曹操逮捕一事。收：逮捕。
② 中外：指朝廷内外。
③ 琢钉戏：古时一种小孩玩的游戏。
④ 遽容：恐惧的神色。遽：恐惧，惊慌。
⑤ 不：通"否"。
⑥ 大人：对父亲的敬称。
⑦ 完：完整。
⑧ 收：逮捕，拘押。此处活用为名词，指前来拘捕的差役。

译文

孔融被捕，朝廷内外都很惊恐。当时孔融的儿子大的九岁，小的八岁，两个孩子依旧在玩琢钉游戏，一点也没有恐惧的神色。孔融对派来逮捕他的差役说："希望罪过只在我一人之身，两个儿子能否保全性命？"两个儿子从容地上前说："父亲难道看见过打翻的鸟巢下面还有完好的鸟蛋吗？"不久来拘捕他们的差役也到了。

考试重点字词

（1）时：那时，当时。　（2）故：仍然，依旧。　（3）了无：全无。

（4）**冀**：希望。　　　（5）**徐**：慢慢地，指行动从容不迫。

（6）**岂**：难道。　　　（7）**复**：再，又。　　　（8）**寻**：随即，不久。

〔成语〕

覆巢之下，岂有完卵：字面意思是鸟巢已经倾覆，里面的卵也会被打破。比喻整体覆灭，个体（或部分）亦不能幸免。

〔点评〕

孔融获罪，殃及全家，连年幼的儿子也不能幸免。文中孔融的儿子面对上门拘捕的官吏，却能神情自若，从容不迫，给人留下深刻的印象。文章也反映了封建社会统治阶级的残酷。

三

钟毓（yù）、钟会[1]少有令誉[2]，年十三，魏文帝[3]闻之，语其父钟繇（yáo）[4]曰："可令二子来。"于是敕（chì）[5]见。毓面有汗，帝曰："卿面何以汗？"毓对曰："战战惶惶[6]，汗出如浆。"复问会："卿何以不汗？"对曰："战战栗栗[7]，汗不敢出。"

〔注释〕

[1] 钟毓、钟会：两人是兄弟俩。钟毓，字稚叔，小时候就很机灵，十四岁任散骑侍郎，逝世后追赠为车骑将军。钟会，字士季，小时也很聪明，被看成非常人物，后累迁镇西将军、司徒，因谋反被杀。

[2] 令誉：美好的声誉。

[3] 魏文帝：曹丕，字子桓，曹操次子。曹操死后，袭位为王，后代汉称帝，国号魏。

[4] 钟繇：字元常，东汉末为黄门侍郎，曹操当政时，为侍中守司隶校尉。曹丕代汉后，为廷尉。魏明帝时，为太傅。善书法，与王羲之并称"钟王"。

⑤ 敕：皇帝的诏令。

⑥ 战战惶惶：害怕得惊慌失措。

⑦ 战战栗栗：害怕得发抖。

译文

钟毓、钟会年少时就有好名声，十三岁时，魏文帝听说他们俩的事情，便对他们的父亲钟繇说："可以叫你的两个孩子来见我。"于是下令诏见。（觐见时）钟毓脸上有汗，魏文帝问道："你脸上为什么出汗？"钟毓回答说："我内心惊慌恐惧，因此汗水像水浆一样流出。"魏文帝又问钟会："你为什么不出汗？"钟会回答说："我心中颤抖恐惧，连汗也不敢出了。"

考试重点字词

（1）少：年幼，年轻。　　（2）闻：听说。　　（3）何以：为什么。

点评

面对魏文帝的问题，钟氏兄弟的回答巧妙地表现出他们对魏文帝的敬畏，体现出魏文帝的威严。从他们的回答中也可以看出两兄弟不同的性格与为人处世的特点：钟毓遵守礼法而知畏惧，明白事君之道；钟会见机行事，能言善辩。

四

钟毓兄弟小时，值父昼寝（qǐn），因共偷服药酒。其父时①觉，且②托寐（mèi）③以观之。毓拜而后饮，会饮而不拜。既而问毓何以拜，毓曰："酒以成礼④，不敢不拜。"又问会何以不拜，会曰："偷本非礼，所以不拜。"

注释

① 时：当时。

② 且：姑且。

③ 托寐：假装睡着。

④ 酒以成礼：语出《左传·庄公二十二年》，在古代酒是用来完成礼节的。

译文

钟毓、钟会兄弟俩小时候，一次遇到父亲睡午觉，于是一起偷喝药酒。他们的父亲当时已经睡醒，姑且假装睡着，来看他们做什么。钟毓行过礼才喝酒，钟会只喝酒，却不行礼。过了一会，（父亲起来）问钟毓为什么行礼，钟毓说："酒是用来完成礼节的，（我）不敢不行礼。"又问钟会为什么不行礼，钟会说："偷窃本来就不合于礼，所以不行礼。"

考试重点字词

（1）**值**：遇到，恰逢。　　　　（2）**寝**：躺着休息，睡觉。

（3）**因**：于是，就。　　　　　（4）**共**：一起。

（5）**既而**：一会儿。　　　　　（6）**何以**：为什么。

点评

钟氏兄弟偷喝药酒，钟毓行过礼才喝，表明他遵守礼法；钟会却认为偷酒喝本来就不合礼仪，所以不行礼，说明钟会行为旷达，不拘礼节。

五

嵇（jī）中散（sàn）①语赵景真②："卿瞳（tóng）子白黑分明，有白起③之风，恨量小狭。"赵云："尺表④能审玑（jī）衡⑤之度，寸管⑥能测往复⑦之气。何必在大，但问识⑧如何耳。"

注释

① 嵇中散：嵇康，字叔夜，自幼聪颖，博览群书，广习诸艺，与阮籍等并称"竹林七贤"。曾任中散大夫。

② 赵景真：赵至，字景真，有口才，曾任辽东郡从事，主持司法工作，以清廉见称。

③ 白起：战国时秦国的名将，封武安君。据说他瞳子黑白分明。古人认为这样的人见解高明。

④ 表：古代天文仪器圭表的组成部分，为直立的标杆，用

以测量日影长度。

⑤ 玑衡：璇玑玉衡，北斗七星的泛称。北斗由天枢、天璇、天玑、天权、玉衡、开阳、摇光七星组成。

⑥ 管：古代校正乐律的定音竹管，也用以观测气候。

⑦ 往复：往而复来，循环不息。

⑧ 识：见识。

译文

中散大夫嵇康对赵景真说："你的瞳子黑白分明，有白起的风度，遗憾的是器量小了些。"赵景真说："一尺长的表就能审定北斗七星的度数，寸把宽的竹管就能测量出气候的循环更替。何必在乎（一个人）器量有多大，只问（他）见识怎么样就是了。"

考试重点字词

（1）恨：遗憾。　　　　（2）但：只，仅。

点评

嵇康认为赵景真器量小了些，赵景真却不以为意，借尺表和寸管来说明人有见识、能办成事更重要，委婉巧妙地表达了自己的看法。

六

司马景王①东征，取上党李喜②以为③从事中郎④。因问喜曰："昔先公⑤辟（bì）⑥君不就⑦，今孤⑧召君，何以来？"喜对曰："先公以礼见⑨待，故得以礼进退⑩；明公⑪以法见绳⑫，喜畏法而至耳。"

注释

① 司马景王：司马师，字子元，司马懿长子，封长平乡侯，曾任大将军，辅助齐王曹芳，后又废曹芳，立曹髦（máo）。毌（guàn）丘俭起兵反对他，被他打败。这里说的"东征"，就是指的这件事。晋国建立后，晋武帝司马炎追尊司马师为景帝。

② 李喜：字季和，《晋书》本传作"憙"，上党郡人。司马懿任太傅时，召他出来任职，他

托病推辞。下文说的"先公辟君不就"，就是指这件事。

③ 以为：用做，这里指担任。

④ 从事中郎：官名，大将军府的属官，参与谋议等事。

⑤ 先公：称自己或他人的亡父，此处指司马懿。

⑥ 辟：征召。

⑦ 就：就职，赴任。

⑧ 孤：侯王的谦称。

⑨ 见：加在动词前称代自己。

⑩ 进退：指出来做官或辞官。

⑪ 明公：对尊贵者的敬称。

⑫ 绳：约束。

译文

　　司马师东征的时候，招致上党的李喜担任从事中郎。（司马师）于是就问李喜说："从前先父征召您，您不肯赴任，现在我召您来，（您）为什么肯来呢？"李喜回答说："您先父以礼相待，所以（我）能按礼节来决定进退；您用法令来约束我，我害怕法令才来的啊。"

考试重点字词

　　（1）因：于是，就。　　（2）昔：从前，以前。　　（3）故：所以。

　　（4）畏：畏惧，害怕。　　（5）至：到。

点评

　　司马师问李喜为什么当年自己的父亲征召时不赴任，现在却肯来，其实是有意为难李喜，让其服软。而李喜的回答十分巧妙，表面上既歌颂了司马懿礼贤下士，又称赞了司马师法治严明，而言外之意却是对司马师实施高压政治手段的讽刺与批评。

七

　　满奋①畏风。在晋武帝坐，北窗作琉璃屏②，实密似疏，奋有难色。帝笑之。奋答曰："臣犹吴牛③，见月而喘（chuǎn）。"

注释

① 满奋：字武秋，曾任尚书令、司隶校尉等职。

② 琉璃屏：琉璃做的屏风。

③ 吴牛：吴地的牛，即指江淮一带的水牛。据说，吴地的水牛怕热，太阳一晒就喘息，看见月亮也以为是太阳，就喘起来。比喻因疑似而害怕。

译文

满奋怕风。一次在晋武帝旁侍坐，北面的窗户前有琉璃屏风，实际很严实，看起来却像透风似的，满奋就面有难色。武帝笑他。满奋回答说："臣就像是吴地的牛，看见月亮就喘起来了。"

考试重点字词

（1）畏：怕。　　（2）犹：好像。

成语

吴牛喘月：据说江淮一带的水牛害怕酷热，见到月亮也以为是太阳，因此发喘，是一种条件反射。后用以比喻因遇到类似的事物而胆怯。

点评

吴地的牛看见月亮，却以为是太阳，因而喘气。满奋侍从在有琉璃屏风遮挡的窗子旁边，却以为屏风稀疏透风而感到为难。可见，我们在日常生活中，不要只看到表面现象就轻易下结论，而应该仔细地调查分析一番，这样才能够得出正确的结论来。

八

蔡洪①赴洛，洛中人问曰："幕府②初开，群公③辟（bì）命④，求英奇于仄（zè）陋，采贤俊于岩穴⑤。君吴楚⑥之士，亡国之余⑦，有何异才而应斯举？"蔡答曰："夜光之珠⑧，不必出于孟津⑨之河；盈握⑩之璧⑪，不必采于昆仑⑫之山。大禹⑬生于东夷⑭，文王⑮生于西羌（qiāng）⑯。圣贤所出，何必常处⑰。昔武王伐纣（zhòu），迁顽民于洛邑，得无诸君是其苗裔（yì）乎？⑱"

注释

① 蔡洪：字叔开，三国时期吴郡人，才华出众。原在吴国做官，吴亡后入晋，由本州举荐为秀才，到京都洛阳。

② 幕府：原指将帅在外的营帐，也用来指地方军政大吏的衙署。

③ 群公：众公卿，指朝廷中的高级官员。

④ 辟命：征召。

⑤ "求英奇"两句：这两句意思是差不多的，运用互文，增强文采。仄陋：指出身贫贱的人。采：搜求。岩穴：山中洞穴，这里指隐居山中的隐士，也可以泛指山野村夫。

⑥ 吴楚：春秋时代的吴国和楚国。两国都在南方，所以也泛指南方。

⑦ 亡国之余：指东吴灭亡，蔡洪是亡国的遗民。亡国：这里指三国时吴国，公元 280 年为西晋所灭。

⑧ 夜光之珠：即夜明珠，古代传说中的明珠，又叫随珠，传说是随侯所救的一条大蛇从江中衔来报恩的明月珠。

⑨ 孟津：古黄河渡口名，在今河南省。周武王伐纣时和各国诸侯曾在这里会盟。

⑩ 盈握：满满一把。这里形容大小。盈：满。

⑪ 璧：中间有孔的圆形玉器。

⑫ 昆仑：古代传说盛产美玉的山。

⑬ 大禹：夏代第一个君主，传说曾治平洪水。

⑭ 东夷：古代对东方诸族的称呼，此处指东方。

⑮ 文王：周文王，殷商时一个诸侯国的国君，封地在今陕西一带。

⑯ 西羌：羌是古代一个部族，因生活在中原西部得名"西羌"。（按：这里意在说明大禹、文王都不是中原一带的人。）

⑰ 常处：固定的地方。

⑱ "昔武王"句：周武王灭了殷纣以后，把殷朝顽劣的遗民迁到洛水边上，派周公修建洛邑安置他们。战国以后，洛邑改为洛阳。得无：莫非，大概，表示揣测。苗裔：后代。

译文

蔡洪（被举荐为秀才）赶赴洛阳，洛阳人问他："官府设置不久，众公卿征召人才，要在出身卑微者中寻求才华出众之人，在隐居山林者中寻访才德高深之士。先生是吴楚一带的人，只是个亡国遗民，有什么特别才能而来参加这一选拔？"蔡洪回答说："夜明珠不一定都出在孟津一带的河中；满满一把的玉璧，不一定都从昆仑山开采。大禹出生在东夷，周文王出生在西羌。圣贤的出生地，不必是某个固定的地方。从前周武王讨伐殷纣，把殷朝顽劣遗民迁到洛阳，莫非诸位先生就是那些人的后代吗？"

考试重点字词

（1）昔：从前，以前。　　（2）伐：讨伐，攻打。　　（3）于：到，向。

点评

蔡洪赴洛阳参加征召时，受到当地人的挖苦，但他不卑不亢，通过"大禹生于东夷，文王生于西羌"，说明"英雄不问出身"。人的能力与出身、家族等无关，并以其人之道还治其人之身，讽刺道："昔武王伐纣，迁顽民于洛邑，得无诸君是其苗裔乎？"表现了蔡洪能言善辩，富有智慧。

九

过江诸人①，每至美日②，辄相邀新亭③，藉（jiè）卉（huì）④饮宴。周侯⑤中坐而叹曰："风景不殊，正自有山河之异⑥！"皆相视流泪。唯王丞相⑦愀（qiǎo）然⑧变色曰："当共戮（lù）力⑨王室，克复神州⑩，何至作楚囚⑪相对！"

注释

① 过江诸人：西晋末年战乱不断，中原人士相继过江避难。"过江诸人"本指这些人，这里实际却是指其中的朝廷大官和士族。

② 美日：风和日丽的日子。

③ 新亭：三国时建，故址在今南京南，近江滨，依山而筑，东晋时为朝士游宴之所。

④ 藉卉：坐卧于草地之上。藉：坐卧其上。卉：草的总称。

⑤ 周侯：周颧 (yǐ)，周颧袭父爵武城侯，故称周侯。

⑥ "正自"句：指北方广大领土已被各族占领。正自：只是。

⑦ 王丞相：王导，字茂弘，晋元帝即位后任丞相。

⑧ 愀然：容色改变的样子。

⑨ 戮力：并力，合力。

⑩ 神州：这里指沦陷的中原地区。

⑪ 楚囚：原指被俘的楚人，这里指徒然怀念中原却无计可施的过江诸人。

译文

南渡过江的士大夫，每逢风和日丽的日子，总是互相邀约到新亭，坐在草地上聚会喝酒。武城侯周颧在座中叹息说："这里的风景（和中原）没有什么不同，只是山河不一样了！"（大家听了）都相视流泪。只有丞相王导脸色变得很不高兴，说道："（大家）应该一起齐心合力扶佐王室，收复中原，哪至于像楚囚那样相对流泪呢！"

考试重点字词

（1）辄：总是。　　（2）异：不同。　　（3）皆：全，都。

（4）唯：只有。　　（5）共：共同，一起。

点评

西晋中后期，相继发生了"八王之乱"和"五胡乱华"，北方陷入连年战乱，大批士族纷纷南渡，并拥晋元帝在建业（今江苏南京）建立东晋政权。这里"过江诸人"即指这些南渡士族中在东晋政权身居显要的王导、周颧等人。该篇表现了他们在国破家亡之际的生活和思想情绪，通过对比，将周颧等人的庸懦颓废和王导的刚毅奋发刻画得生动形象。

十

梁国杨氏子九岁，甚聪惠①。孔君平②诣其父，父不在，乃呼儿出。为设果，果有杨梅。孔指以示儿曰："此是君家果。"儿应声答曰："未闻孔雀是夫子③家禽。"

注释

① 聪惠：聪慧，聪明。

② 孔君平：孔坦，字君平，为人方直，因忤王导出为廷尉（掌管刑法），所以也称孔廷尉。

③ 夫子：对长者的尊称。这一则文字中对话双方巧妙运用了杨梅和杨姓、孔雀和孔姓中的同音字。

译文

　　梁国一个姓杨的人家有个九岁的儿子，很聪明。孔君平去拜访他父亲，他父亲不在，于是叫孩子出来。（孩子）给（孔君平）摆上果品，果品里面有杨梅。孔君平指着杨梅给孩子看，说道："这是你们家的家果。"孩子应声回答说："没听说过孔雀是夫子您家的家禽。"

考试重点字词

（1）甚：很，非常。　　（2）诣：拜访。

（3）乃：于是，就。　　（4）闻：听说。

点评

　　孔君平说杨梅是杨氏家的家果，利用姓氏开玩笑，这在古代是很不礼貌的。杨氏子当即反驳，委婉地说"未闻孔雀是夫子家禽"，积极捍卫自身的尊严，体现了小孩子的礼貌、幽默、聪明智慧。

十一

　　张玄之①、顾敷（fū）②是顾和中外孙③，皆少而聪惠，和并知之，而常谓顾胜，亲重偏至④，张颇（pō）不恹（yàn）⑤。于时，张年九岁，顾年七岁。和与俱至寺中，见佛般（bō）泥（niè）洹（huán）像⑥，弟子有泣者，有不泣者。和以问二孙。玄⑦谓："被亲故泣，不被亲⑧故不泣。"敷曰："不然。当由忘情⑨故不泣，不能忘情故泣。"

注释

① 张玄之：一作张玄，字祖希，东晋时历任吏部尚书、吴兴太守。

② 顾敷：字祖根，晋吴郡吴人，官至著作郎。

③ 中外孙：孙子和外孙。

④ 偏至：特别偏爱。

⑤ 不恢：不服。恢：通"厌"，心服。

⑥ 般泥洹像：卧佛像。般泥洹：梵文音译，亦译为涅槃 (niè pán)，意译为入灭，圆寂。

⑦ 玄：即玄之。晋代人单名常加"之"字。

⑧ 被亲：受到宠爱。

⑨ 忘情：指喜怒哀乐不动于心，不为感情所动。这是佛才能达到的境界。

译文

张玄之、顾敷是顾和的外孙和孙子，两人都是小时候就很聪慧，顾和对他们都很赏识，但常说顾敷略胜一筹，特别偏爱他，张玄之很不满。当时，张玄之九岁，顾敷七岁。顾和带他们一起到寺庙里去，看见卧佛像，旁边的弟子有的哭，有的不哭。顾和就问两个孙子为什么会这样。张玄之说："被佛宠爱，所以哭；不被佛宠爱，所以不哭。"顾敷说："不对。应该是因为忘却世人俗情，所以不哭；不能忘情，所以哭。"

考试重点字词

（1）皆：全，都。　（2）并：一起，一齐。　（3）颇：很。

（4）俱：一起。　（5）故：所以。

点评

张玄之的回答充满了自己不被偏爱的愤懑，暗指顾和对顾敷更加关爱。顾敷的回答是结合佛教经义来答的，其中并没有自己的私情。两人的回答都反映出了他们的才智，也更反映出两人的胸襟。

十二

谢太傅①寒雪日内集②，与儿女讲论文义③。俄而雪骤（zhòu），公欣然曰："白雪纷纷何所似④？"兄子胡儿⑤曰："撒盐空中差可拟⑥。"兄女曰："未若柳絮因风起⑦。"公大笑乐。即公大兄无奕女⑧，左将军王凝之⑨妻也。

注释

① 谢太傅：谢安，字安石。

② 内集：家庭聚会。

③ 文义：文章的义理。

④ "白雪"句：大意是，白雪纷纷扬扬像什么。

⑤ 胡儿：谢朗，谢安的次兄谢据之子。

⑥ "撒盐"句：差不多可以比作在空中撒盐。

⑦ "未若"句：还不如说成柳絮凭借风势起舞。（按：以上三句都仿效汉武帝"柏梁体"歌句，七言，每句用韵。）

⑧ 大兄无奕女：谢安长兄谢奕之女谢道韫（yùn）。谢道韫有文才，善书法，后嫁给王羲之次子王凝之。大兄：长兄。无奕：谢安的长兄谢奕，字无奕。

⑨ 王凝之：字叔平，东晋时历任江州刺史、左将军等。

译文

太傅谢安在一个寒冷的下雪天把家人聚在一起，和儿女们讲论文章的义理。一会儿，雪下得又大又急，谢安高兴地问道："白雪纷纷扬扬像什么呢？"侄子谢朗说："差不多可以比作在空中撒盐。"侄女说："还不如说成柳絮凭借风势起舞。"谢安大笑，非常高兴。这个侄女就是谢安的长兄谢奕的女儿，左将军王凝之的妻子。

考试重点字词

（1）**俄而**：不久，一会儿。　　（2）**骤**：快速，急速。

（3）**欣然**：高兴的样子。　　（4）**差**：尚，略。

（5）**因**：依靠，凭借。

成语

咏絮之才：源出东晋才女谢道韫，形容女子特别有才华，富有智慧。

点评

这是一则千古佳话，表现了才女谢道韫出众的才华、对事物细致的观察力和丰富的想象力。

十三

支公①好鹤，住剡②东岇（àng）山③。有人遗（wèi）其双鹤，少时翅长欲飞，支意惜之，乃铩（shā）④其翮（hé）⑤。鹤轩翥（zhù）⑥不复能飞，乃反顾翅垂头，视之如有懊丧意。林曰："既有凌霄之姿，何肯为人作耳目近玩⑦？"养令翮成，置使飞去。

注释

① 支公：支遁，字道林，东晋高僧。
② 剡：剡县，今指浙江绍兴嵊（shèng）州。
③ 岇山：山名，在今浙江嵊州东。
④ 铩：摧残。
⑤ 翮：羽毛中间的空心硬管，这里指翅膀羽毛中空的茎管。
⑥ 轩翥：张开翅膀的样子。
⑦ 近玩：供玩乐的宠物。

译文

支道林喜欢鹤，住在剡县东面的岇山上。有人赠送他两只鹤。不久，鹤的翅膀长成，跃跃欲飞，支道林心里舍不得它们，就剪短了它们翅膀上带硬管的羽毛。鹤张开翅膀却飞不起来，便回头看看翅膀，低垂着头，看上去好像很懊丧。支道林说："既然有凌云的姿质，又怎么肯给人当作观赏玩乐的宠物呢？"于是把鹤养到翅膀长好，就放（它们）飞走了。

考试重点字词

（1）好：喜欢。　　（2）遗：赠送，给予。　　（3）欲：想要。

（4）乃：于是，就。　　（5）复：再，又。　　（6）顾：回头看。

（7）令：使。

成语

支公好鹤：给所喜欢的事物一个自由的空间。

点评

支道林喜欢鹤，他因为舍不得鹤飞走剪短了鹤的羽翼，但看到鹤懊丧的样子，最终还是将鹤养好翅膀后再放飞。这个故事体现了支道林尊重动物本性，不溺于物，旷达洒脱的品格。

政事第三

题解

政事，指政治事务，具体指处理政务的才能和值得效法的手段。晋代士族阶层为了巩固自己的政权，必然要求维护法制，严格执法，强化国家机构的管理，这就要重视政事和官吏的政绩。魏晋时期，清谈盛行，甚至一度因为清谈而废弃政务，所以很多人对清谈持否定态度，主张看重事功，勤于政事。他们对为官者提出多方面的要求：要注意待人接物的礼仪、要有远见卓识、办事不能唯命是从，等等。

原文共二十六则，本书选其中八则。

陈仲弓①为太丘长②，有劫贼杀财主，主者③捕之。未至发所④，道闻民有在草⑤不起子⑥者，回车⑦往治之。主簿曰："贼大，宜先按讨⑧。"仲弓曰："盗杀财主，何如骨肉相残？"

注释

① 陈仲弓：陈寔（shí），字仲弓，颍（yǐng）川许县（今河南许昌东）人。东汉名士，初为县吏，因有志好学，坐立诵读不辍，县令听说后，让他进入太学读书。后任太丘长，"修德清净，百姓以安"，后世称之为"陈太丘"。与钟皓（hào）、韩韶（sháo）、荀淑皆以清高有德闻名于世，合称为"颍川四长"。

② 太丘长：太丘的最高长官。汉朝规定，人口万户以上的县，长官为"令"；人口万户以下的县，长官为"长"。

③ 主者：主管抓捕盗贼的官吏。

④ 发所：案发的场所。

⑤ 在草：指临时分娩。草，指草席。古时妇女分娩多用草席垫着。

⑥ 不起子：不养育孩子，将婴儿遗弃。

⑦ 回车：掉转车头。

⑧ 按讨：查验惩处。

| 译 文 |

陈仲弓担任太丘县县长时，有强盗劫财害命，主管官吏抓捕了强盗。陈仲弓前去处理，还没到案发的地方，半路上听说有家老百姓生下孩子不肯养育，便掉转车头去处理这件事。主簿说："强盗杀人的事大，应该先查验惩处。"陈仲弓说："强盗杀害物主，怎么比得上骨肉相残？"

考试重点字词

（1）为：担任。　　（2）捕：抓捕，捕获。　　（3）至：到。

（4）闻：听说。　　（5）者：……的人。　　（6）治：处理。

（7）之：代词，指代这件事情。　　（8）宜：应该。

成语

骨肉相残：指亲人自相残杀。

点评

陈寔在两个案件中选择先去处理"骨肉相残"这件事，可见他重视儒家礼义，且做事十分明智。

二

陈元方①年十一时，候袁公②。袁公问曰："贤家君③在太丘，远近称之，何所履（lǚ）行④？"元方曰："老父⑤在太丘⑥，强者绥（suí）之以德，弱者抚之以仁，恣（zì）其所安，久而益敬。"袁公曰："孤⑦往者尝为邺（yè）令⑧，正行此事。不知卿家君法孤，孤法卿父？"元方曰："周公⑨、孔子，异世而出，周旋动静，万里如一。周公不师孔子，孔子亦不师周公。"

注释

① 陈元方：陈纪，陈寔长子。

② 袁公：事迹不详。

③ 贤家君：对对方父亲的敬称。

④ 何所履行：倒装句，正常语序是"所履行何"，意思是实行的是什么措施。

⑤ 老父：对自己父亲的谦称。

⑥ 太丘：地名，在今河南省。

⑦ 孤：封建时代王侯对自己的谦称。

⑧ 邺：地名，故址在今河北临漳西南。

⑨ 周公：姓姬名旦，亦称叔旦，周文王姬昌第四子。因封地在周（今陕西省宝鸡市岐山北），故称周公或周公旦。他是西周初期杰出的政治家、军事家和思想家，被尊为儒学先驱。

译文

陈元方十一岁的时候，有一次去问候袁公。袁公问他："你父亲在太丘县任职时，远近的人都称颂他，（他）实行的是什么措施？"元方说："家父在太丘时，对强者就用恩德来安抚他，对弱者就用仁爱来抚慰他，放手让他们安居乐业，时间久了，就更加受到敬重。"袁公说："我过去曾经做过邺县县令，正是实行了这些措施。不知道是你父亲效法我呢，还是我效法你父亲？"元方说："周公、孔子生在不同的时代，虽然相隔很远，他们的处置世事的举动措施却如出一辙。周公没有仿效孔子，孔子也没有仿效周公。"

考试重点字词

（1）**候**：拜访，问候。 （2）**称**：称赞，称颂。 （3）**绥**：安抚。

（4）**抚**：安抚，抚慰。 （5）**恣**：放纵、无拘束，这里指顺从。

（6）**益**：更加。 （7）**尝为**：曾经担任。尝，曾经。为，担任。

（8）**卿**：对对方客气、亲热的称呼。 （9）**法**：效法，仿效。

（10）**师**：学习，仿效。

点评

　　在这个故事中，有两个人物形象。一是袁公，他比较自负，问题刁钻。"孤往者尝为邺令，正行此事。不知卿家君法孤，孤法卿父？"这个问题很难回答，稍微不慎则颜面尽失，想是袁公并非真正想知道是谁学了谁，而是有意为难陈元方。二是陈元方，面对袁公的刁难，元方机智应变。"周公、孔子，异世而出，周旋动静，万里如一。周公不师孔子，孔子亦不师周公。"如此巧妙回答，既照顾了对方的尊严，又保住了自己的体面，不卑不亢，落落大方，不损人也不损己。袁公听了，定会暗暗点头称奇。

三

　　贺太傅①作吴郡，初不出门，吴中②诸强族③轻之，乃题府门云："会稽鸡④，不能啼⑤。"贺闻，故出行，至门反顾，索笔足之曰："不可啼，杀吴儿⑥。"于是至诸屯邸（dǐ）⑦，检校⑧诸顾、陆⑨役使官兵及藏逋（bū）亡⑩，悉以事言上，罪者甚众。陆抗⑪时为江陵都督，故下⑫请孙皓（hào）⑬，然后得释。

注释

① 贺太傅：贺邵，字兴伯，会稽郡山阴县（今浙江绍兴市辖区）人，三国时吴国人，任吴郡太守，后升任太子太傅。

② 吴中：吴郡的政府机关在吴（即今江苏省吴县），也称吴中。

③ 强族：豪门大族。

④ 会稽鸡：指贺太傅，因为他是会稽人。

⑤ 不能啼：吴中强族讥讽贺太傅不中用。

⑥ 不可啼，杀吴儿：贺太傅回答强族的话，意思是，我不可以说话，一说，就要杀吴地的人了。从后文来看，贺太傅也真是说到做到。

⑦ 屯邸：驻地与居所。当时吴地世家子弟多带兵屯戍在外，居所在吴郡，故名屯邸。

⑧ 检校：查核。

⑨ 顾、陆：指江东世家大族顾雍、陆逊家族。

⑩ 逋亡：逃亡的农户。战乱之时，赋役繁重，贫民多逃亡到士族大家中藏匿，给他们做苦工，官府也不敢查处。

⑪ 陆抗：字幼节，陆逊之子，孙策外孙。

⑫ 下：当时陆抗所在的江陵（今湖北荆州）居上游，孙皓所在的建业（今江苏南京）居下游，故说"下"。

⑬ 孙皓：三国时吴国的亡国君主，公元280年晋兵攻陷建业，孙皓投降，吴亡。孙皓和陆抗有亲戚关系。

译文

贺邵担任吴郡太守时，起初足不出户，吴中那些豪门士族轻视他，竟在官府大门上写"会稽鸡，不能啼"的字样。贺邵听说后，故意外出，走出门口，回过头来看，要来笔补上一句："不可啼，杀吴儿。"于是（他）到各大族的驻地与居所，查核顾姓、陆姓家族差遣使用官兵和窝藏逃亡农户的情况，把事情全部报告给朝廷，获罪的人非常多。当时陆抗正任江陵都督，为此特地前往建业请求皇帝孙皓帮助，这才得到赦免。

考试重点字词

（1）作：担任。　（2）轻：轻视。　（3）题：题写。

（4）故：故意。　（5）顾：回头看。　（6）索：要。

（7）足：补充。　（8）诸：各。　（9）悉：全，都。

点评

贺邵因足不出户遭到别人的轻视和嘲笑——"会稽鸡，不能啼"，但他并没有忍气吞声，而是特意出门补充了一句"不可啼，杀吴儿"，并去各大族的驻地与居所查核人口，严惩豪强，整肃风气，向大家显示了自己的威严。

四

山司徒①前后选，殆（dài）周遍②百官，举无失才③，凡所题目④，皆如其言。唯用陆亮，是诏（zhào）所用，与公意异，争之，不从⑤。亮亦寻为贿（huì）败。

注释

① 山司徒：山涛，字巨源，三国至西晋时的大臣，名士，"竹林七贤"之一。他在三国魏时曾任尚书吏部郎，到晋武帝时又任吏部尚书，后升为司徒。山涛曾两次担任负责选拔任免官吏的职务，所以说前后选。

② 周遍：遍及。

③ 失才：用人不当，或没有任用有才之人。

④ 题目：品评。（按：《晋书·山涛传》载，山涛两次任选职共十多年，每一官缺，就拟出几个人，由皇帝挑选。凡所奏甄拔人物，都各作品评。）

⑤ "唯用"句：当时吏部郎出缺，山涛推荐阮咸，贾充则推荐自己的亲信陆亮。晋武帝选用了陆亮，山涛反对无效。不久陆亮因犯罪被撤职。陆亮，字长兴，与贾充关系密切。

译文

司徒山涛前后两次担任吏部官职，（所选）几乎遍及百官，选用的人没有一个是不合适的，凡是他品评过的人物，都像他所说的那样。只有任用陆亮，是皇帝下诏任用的，和山涛的意见不同，他为这事力争过，皇帝没有听从。不久陆亮也因为受贿而被撤职。

考试重点字词

（1）殆：几乎。　（2）用：任用。　（3）诏：皇帝的命令。

（4）意：意见。　（5）争：争论。　（6）从：听从。

（7）寻：不久。

点评

山涛在选拔任免官吏时从未有用人不当的情况，对品评过的人物也都说得十分准确，说明他是识才之人，不仅看人十分准确，还能选贤用能。

五

王安期[1]作东海郡，吏录[2]一犯夜[3]人来。王问："何处来？"云："从师家受书还，不觉日晚。"王曰："鞭（biān）挞（tà）宁（nìng）越[4]以立威名，恐非致理之本[5]。"使吏送令归家。

注释

[1] 王安期：王承，字安期，晋时名士。

[2] 录：拘捕。

[3] 犯夜：触犯夜行禁令。（按：晋时有宵禁之令，禁止夜间出行。）

[4] 宁越：战国赵人，这里指读书人。《吕氏春秋》载，有人告诉宁越，要学习三十年才能学有所成。宁越说，我不休息，刻苦学习十五年就行。十五年后，宁越便成为周威公的老师。

[5] 致理之本：达到社会太平的根本途径。"理"当作"治"，唐代避唐高宗李治的名讳而改"治"为"理"。

译文

王安期任东海郡太守时，郡吏抓了一个违反宵禁的人来。王安期审问他："（你）从哪里来的？"那个人回答说："从老师家学完功课回来，没有发觉时间很晚了。"王安期说："鞭打像宁越一样的读书人来树立威名，恐怕不是达到社会太平的根本办法。"便派郡吏送他出去，叫他回家。

考试重点字词

（1）作：担任。　　（2）受书：学习功课。　　（3）觉：发觉。

（4）恐：恐怕。　　（5）本：根本。　　（6）使：派。

点评

王安期的手下抓到一个夜晚学习到很晚的人，虽然他犯了宵禁，但王安期认为情有可原，便没有对他进行惩处来充当政绩，表明了王安期是一个通情达理、为百姓着想的官员。

六

陶公①性检厉②，勤于事。作荆州时，敕（chì）船官悉录锯木屑，不限多少。咸不解此意。后正（zhēng）会③，值积雪始晴，听事④前除⑤雪后犹湿，于是悉用木屑覆之，都无所妨。官用竹，皆令录厚头⑥，积之如山。后桓宣武伐蜀⑦，装船⑧，悉以作钉。又云，尝发所在竹篙（gāo），有一官长连根取之，仍当足⑨，乃超两阶⑩用之。

注 释

① 陶公：陶侃，字士行，东晋名将。

② 检厉：严肃方正。

③ 正会：正月初一皇帝朝会群臣，接受朝贺的礼仪。

④ 听事：处理政事的大堂。

⑤ 除：台阶。

⑥ 厚头：靠近根部的竹头。

⑦ 桓宣武伐蜀：西晋惠帝时（公元304年），李雄据蜀（今四川）建立割据政权，国号成，后改为汉，史称成汉或后蜀。公元343年，传位于李势。公元346年桓温（谥号宣武）起兵伐蜀，到公元347年三月攻占成都，李势投降，成汉亡。

⑧ 装船：组装战船，即几艘船组成大船。

⑨ 当足：当作竹篙的铁足。撑船用的竹篙，头部包的铁制的部件，就是铁足。这个官长用竹根代替铁足，既善于取材，又节省了铁足。

⑩ 两阶：两个官级。晋代把官阶分为九个等级，叫作九品。

译 文

　　陶侃本性方正严肃，工作勤恳。担任荆州刺史时，嘱咐负责建造船只的官员把木屑全都收集起来，多少不限。（大家）都不明白这是什么用意。后来到正月初一朝贺时，正碰上连日下雪才转晴，正堂前的台阶雪后还是湿漉漉的，陶侃于是（命人）全用之前收集的木屑铺上，就一点也不妨碍出入了。官府用的竹子，（陶侃）总是命令属下把竹头收集起来，（竹头）堆积如山。后来桓温讨伐后蜀，要组装战船，全部用这些竹头做了钉子。又有人说，

（陶侃）曾经征调过当地的竹篙，有一个主管官员把竹子连根拔起，就用竹子根部当作篙的铁足，（陶侃）便把他连升两级加以任用。

考试重点字词

（1）**性**：本性。　　（2）**作**：担任。　　（3）**敕**：告诫，嘱咐。

（4）**录**：收集。　　（5）**咸**：全，都。　　（6）**值**：遇到，恰逢。

（7）**始**：才，方才。　（8）**犹**：还。　　　（9）**悉**：全，都。

（10）**覆**：覆盖。　　（11）**妨**：妨碍。　　（12）**皆**：全，都。

（13）**伐**：讨伐，攻打。（14）**尝**：曾经。

点评

陶侃看到制造船只的木屑，便让人将它们收集起来，铺在雪后的台阶上；看到官府用过的竹子，便让人把竹头收集起来，后来做了钉子。陶侃的这些做法表明他是一个心思细密、俭省节约的人。

七

王、刘①与林公②共看何骠（piào）骑③，骠骑看文书，不顾之。王谓何曰："我今故与林公来相看，望卿摆拨④常务，应对玄言⑤，那得方低头看此邪？"何曰："我不看此，卿等何以得存？"诸人以为佳。

注 释

① 王、刘：王濛（méng）、刘惔（dàn）。都是当时有名的清谈家。

② 林公：支道林，对《庄子》有独到的见解。

③ 何骠骑：何充，字次道，晋朝重臣，官至中书监、骠骑将军等。

④ 摆拨：摆脱，撇开。

⑤ 玄言：也称玄谈或清谈，崇尚虚无，专谈玄理。

译文

王濛、刘惔和支道林一起去看望骠骑将军何充，何充在看公文，没有搭理他们。王濛便对何充说："我今天特意和林公来看望你，希望您撇开日常事务，和我们谈论玄理，哪能还低着头看这些东西呢？"何充说："我不看这些东西，你们这些人凭什么得以生存？"大家认为他说得很好。

考试重点字词

（1）共：共同，一起。 （2）顾：搭理。 （3）故：特意。

（4）望：希望。 （5）应对：谈论。

（6）何以：倒装结构，以何，凭借什么。 （7）存：生存。

（8）以为：认为。

点评

何充的朋友们来看他，而他却还在低头看公文，表现了何充的专注与认真，也表现了他对清谈的反对态度。

八

殷仲堪①当之荆州，王东亭②问曰："德以居全③为称④，仁以不害物为名。方今宰牧⑤华夏⑥，处杀戮（lù）之职，与本操将不乖乎？"殷答曰："皋（gāo）陶（yáo）⑦造刑辟（pì）⑧之制，不为不贤；孔丘居司寇（kòu）⑨之任，未为不仁。"

注释

① 殷仲堪：孝武帝任命殷仲堪统领荆州、益州、宁州三州军事，任振威将军、荆州刺史，镇守江陵。据《晋书·殷仲堪传》载，他主张"王泽广润，爱育苍生"，故有下文的疑问。

② 王东亭：王珣（xún），东晋大臣、书法家。因平叛有功，封东亭侯。

③ 居全：处于完善的情况，指具有完善无缺的德行。

④ 称：称号；名称。

⑤ 宰牧：治理。

⑥ 华夏：中国古称华夏，这里指荆州地区为东晋重镇。

⑦ 皋陶：上古时期华夏部落首领，相传制定了最早的刑法。

⑧ 刑辟：刑法，法律。

⑨ 司寇：掌管刑狱的官。孔子曾任鲁国司寇。

译文

殷仲堪正要到荆州去就任刺史之职，东亭侯王珣问他："德行完备称为德，不害人叫作仁。现在你要去治理荆州重镇，处在有生杀大权的职位上，这和你原来的操守不是相违背吗？"殷仲堪回答说："皋陶制定了刑法制度，不算不贤德；孔子担任了司寇的职务，也不算不仁爱。"

考试重点字词

（1）之：到……去。　　（2）处：居于。　　（3）本：原来的。

（4）乖：违背。　　（5）制：制度。　　（6）居：担任。

点评

做一个有"德"和"仁"的人并不意味着要远离看似"不德不仁"的事情，制定法规、实行法治实则是为了更好地保障"德"和"仁"的实现。

文学第四

题解

文学，原指礼乐制度，后泛指学术。本篇所载很多是有关清谈的活动，编纂者以之为文学活动而记述下来，有时也会借叙事来赞扬或讥讽某人，更多的是欣赏某人的才华、辞藻，部分篇目是对人物、文章的各种评论。

原文共一百零四则，本书选其中七则。

一

服虔（qián）①既善《春秋》②，将为注，欲参考同异。闻崔烈③集门生④讲传，遂匿（nì）姓名，为烈门人赁（lìn）⑤作食。每当至讲时，辄窃听户壁间⑥。既知不能逾（yú）己，稍共诸生叙其短长。烈闻，不测何人，然素闻虔名，意疑之。明蚤（zǎo）往，及未寤（wù），便呼："子慎！子慎！"虔不觉惊应，遂相与友善。

注释

① 服虔：字子慎。通经学，善著文。
② 《春秋》：《春秋》是我国的第一部编年体史书，而这里指的是《春秋左氏传》，即《左传》。
③ 崔烈：字威考，汉灵帝时官至司徒、太尉，封阳平亭侯。
④ 门生：弟子，学生。下文的"门人"意同。
⑤ 赁：佣工。
⑥ 户壁间：门外。

译文

服虔已经对《左传》很有研究，将要给它作注，想参考各家的异同。（他）听说崔烈召集学生讲授《左传》，便隐姓埋名，去给崔烈的门生当佣工做饭。每当到讲授的时候，他就躲在门外偷听。他了解到崔烈没有超过自己的地方后，便渐渐地和那些门生谈论崔烈的短处与长处。崔烈听到后，猜不出是什么人，可是素来就听说过服虔的名声，心里怀疑是他。第二天一大早就去服虔处，趁他还没睡醒的时候，便喊道："子慎！子慎！"服虔不觉惊醒答应，从此两人就结为好友。

考试重点字词

（1）**既**：已经。　（2）**将**：将要。　（3）**欲**：想要。

（4）**闻**：听说。　（5）**遂**：于是，就。　（6）**至**：到。

（7）**辄**：就，便。　（8）**逾**：超过。　（9）**素**：平素，一向。

（10）**明**：第二天。　（11）**蚤**：通"早"，早晨。（12）**寤**：睡醒。

点评

这篇文章主要讲述了服虔虚心求教的故事。故事里的服虔并不是一个对学问一无所知的学生，恰恰相反，他是一个"善《春秋》"的人。但他并没有满足于自身的学问，而是很真诚地学习他人的东西，甚至不惜伪装成佣工去偷听。文章中的另一个人物崔烈没有因为服虔议论自己而不满，反而和他成为好友，体现出他宽广的胸怀。

二

殷（yīn）中军①问："自然无心于禀（bǐng）受②，何以正善人少，恶人多？"诸人莫有言者。刘尹③答曰："譬（pì）如写（xiè）④水著（zhuó）地，正自⑤纵横流漫，略无正方圆者。"一时绝叹，以为名通⑥。

注释

① 殷中军：殷浩，东晋时期大臣、将领，曾任中军将军等，精通玄理。

② 禀受：承受，领受。这里指大自然授予人以某种气质、品性。

③ 刘尹：刘惔（dàn），字真长，东晋大臣、清谈家。

④ 写："泻"的古字，倾泻、流漫、流淌。

⑤ 正自：只是自然地。

⑥ 名通：名言通论，指精妙通达的解释。通，解说义理，使其通畅。

译文

中军将军殷浩问道："大自然本来无心授予人某种品性，为什么恰恰好人少，坏人多呢？"众人没有谁说话。刘惔回答说："这好比把水倾泻到地上，（水）只是自然地四处流淌，绝没有恰好流成方形或圆形的。"当时的人非常赞赏此话，认为这是名言通论。

考试重点字词

（1）何以：为什么。　（2）莫：没有谁。　（3）譬：比喻。

（4）正：恰好，正好。　（5）以为：认为。

成语

泻水著地：即水倾泻在地上，随地势而流注。比喻只能任其自然。

点评

本文由殷浩的发问起笔，提出了为什么好人少，坏人多这一难题，"性本善"还是"性本恶"本就难以定论。而刘惔以泻水置地作比指出：人性的各不相同，善人恶人，正像水之泻于地，处境、地位不同，其水流的方向也不同。

三

文帝①尝令东阿王②七步中作诗，不成者行大法③。应声便为诗曰："煮豆持作羹，漉（lù）菽（shū）以为汁④。萁（qí）在釜下然，豆在釜中泣⑤。本自同根生，相煎何太急⑥！"帝深有惭色。

注释

① 文帝：魏文帝曹丕，是曹操的儿子。其逼迫汉献帝让位，自立为帝。

② 东阿王：曹植，字子建，曹丕的同母弟，天资聪敏，是当时杰出的诗人，曹操几乎要立他为太子。曹丕登帝位后，他很受压迫，一再被贬爵徙封，后被封为东阿王。

③ 大法：大刑，重刑，这里指死刑。

④ "煮豆"句：大意是，煮熟豆子做成豆羹，滤去豆渣做成豆汁。羹：有浓汁的食品。漉：过滤。菽：豆类的总称。

⑤ "其在"句：大意是，豆秸在锅下烧，豆子在锅中哭。然：通"燃"，烧。

⑥ "本自"句：大意是，我们（豆子和豆秸）本来是同根所生，你煎熬我怎么这样急迫！（按：曹植借豆子的哭诉，讽喻胞兄曹丕对自己的无理迫害。）

译文

魏文帝曹丕曾经命令东阿王曹植在七步之内作成一首诗，作不出的话，就要处以死刑。曹植应声便作成一诗："煮豆持作羹，漉菽以为汁。其在釜下然，豆在釜中泣。本自同根生，相煎何太急！"魏文帝听了深感惭愧。

考试重点字词

（1）尝：曾经。　　　　（2）行：实行，实施。

（3）持：用来。　　　　（4）釜：锅。

成语

（1）**相煎太急**：比喻兄弟或内部之间自相迫害或残杀。

（2）**七步成诗**：形容人才思敏捷。

点评

在曹丕的威压下，曹植沉着冷静地作诗一首。一方面反映了曹植的聪明才智，另一方面也反映了曹丕迫害兄弟手足的残忍。

四

太叔广①甚辩给（jǐ）②，而挚（zhì）仲治③长于翰墨④，俱为列卿⑤。每至公坐，广谈，仲治不能对；退，著笔⑥难广，广又不能答。

注释

① 太叔广：复姓太叔，名广，字季思，曾任太常博士。
② 辩给：有口才，口齿伶俐。
③ 挚仲治：挚虞，字仲治，官至太常卿。
④ 翰墨：笔墨，借指文章。
⑤ 列卿：诸卿，众卿。卿是古代高级官名。这句说明两人同为太常（九卿之一），而一有口才，一有文才。
⑥ 著笔：写文章。笔指无韵之散文，即不讲究韵律的文章。

译文

　　太叔广很有口才，而挚仲治擅长写作，两人都官居卿位。每次到公开聚会，太叔广侃侃而谈，仲治不能对答；（仲治）回去写成文章来驳难太叔广，太叔广也不能对答。

考试重点字词

（1）甚：很，非常。　　（2）长：擅长。
（3）俱：全，都。　　（4）对：应对，回答。

点评

　　短文讲述太叔广和挚仲治两个人都身居高位，太叔广善于辩论，口才很好，而挚仲治善于写文章，两人各有才能。

五

王东亭①到桓公吏，既伏阁下②，桓令人窃取其白事③。东亭即于阁下更作，无复④向一字。

注释

① 王东亭：王珣，被封为东亭侯，曾在大司马桓温手下任主簿。

② 伏阁下：拜伏在官署前。阁，指官署。属吏到长官处报告事情，都要伏阁请示。

③ 白事：报告，是一种陈述事情的文书。

④ 复：重复。

译文

王珣到桓温那去做属官，已经拜伏官署前，桓温派人偷偷拿走了他的报告。王珣立即在官署前重新写，没有一个字和之前那份报告重复。

考试重点字词

（1）既：已经，……以后。　（2）窃：偷偷地，暗地里。

（3）即：立即，马上。　（4）更：重新。

点评

王珣刚刚到任，报告便被桓温派人偷偷拿走，但他并没有惊慌失措，因为他早已经胸有成竹，立即重新拟写了一份与之前没有任何重复之处的报告。由此可见王珣是名副其实的才能之士。

六

桓宣武北征，袁虎①时从，被责免官。会须②露布文③，唤袁倚马前令作。手不辍（chuò）笔，俄得七纸，殊可观。东亭在侧，极叹其才。袁虎云："当令齿舌④间得利⑤。"

注释

① 袁虎：袁宏，小字虎，时称袁虎。公元369年，桓温自姑孰（今安徽省马鞍山市当涂县

北伐前燕，途中袁宏顶撞了桓温。文中"被责免官"，可能就是因为这件事。

② 会须：恰巧需要。

③ 露布文：军中不封口的文书，多指征讨的檄文或紧急文书等。

④ 齿舌：夸奖、赞赏。

⑤ 得利：得到好处。

译文

桓温北征，当时袁虎也随从出征，（因事）被责备，免去了官职。恰巧急需写一篇紧急文书，（桓温）便叫袁虎靠在马旁起草。（袁虎）手不停笔，一会儿就写了七张纸，写得很好。王珣在旁边，极力赞赏他的才华。袁虎说："也该让我从夸赞中得点好处。"

考试重点字词

（1）**从**：跟随，跟从。　　（2）**会**：正好，恰巧。

（3）**辍**：停止，中止。　　（4）**俄**：片刻。

（5）**殊**：很，非常。　　　（6）**侧**：旁边。

（7）**叹**：赞叹。

成语

倚马可待：形容文思敏捷，写文章快。

点评

袁虎虽被贬官，但由于他才思敏捷，文采斐然，所以能够在机会来临时把握时机，重新获得信任。可见一个人只要有才华，无论在何种境地，都能证明自己。

七

桓玄初并西夏，领荆、江二州、二府、一国①。于时始雪，五处俱贺，五版并入。玄在听事上，版至，即答版后，皆粲（càn）然②成章，不相揉杂③。

注释

① "桓玄"句：桓玄是桓温的儿子，才华出众，文笔优美。桓温死后，袭封为南郡公，封国在广州，这就是"一国"。后又受任都督荆、司、雍、秦、梁、益、宁七州，后迁任将军，荆州刺史，最后又兼任江州刺史。这就有了"荆、江二州"。"二府"指八州都督府和后将军府。下文的"五处"即指二州、二府、一国。西夏，荆州、雍州俱在建康以西，故称西夏。

② 粲然：鲜明华美的样子。

③ 揉杂：混杂，混同。

译文

桓玄刚兼并荆、雍等西部一带，兼任荆、江两州刺史，担任八州都督府和后将军府的长官，还袭封了一个郡国。这年初次下雪，五处官府都来祝贺，五封贺笺一起送到。桓玄在厅堂上，贺笺一到，就在贺笺后面作答，都文采华美，下笔成章，内容不相混同。

考试重点字词

（1）并：兼并，吞并。　（2）始：初次。　（3）俱：全，都。

（4）版：古时写字用的木片，在文中指贺笺。

（5）即：就，便。　（6）皆：全，都。

点评

桓玄身兼数职，在五处官府同来祝贺时，有条不紊地起草回复，并且回复内容不相杂糅。可见桓玄的确才华斐然，下笔成章。

方正第五

题解

　　方正，指人的品行正直不阿，不为外力所屈服，其是中华民族一贯重视的优良品德，历来都得到赞美和推崇。本篇主要记载人物言语、行动、态度等方面表现出来的正直品质。除此以外，刚直不阿、不信鬼神、当仁不让、义不受辱、不肯屈身事人、君子之交、不互相吹捧等，也都是本篇所称道的。

　　原文共六十六则，本书选其中十一则。

一

　　陈太丘①与友期行②，期日中③。过中不至，太丘舍去，去后乃至。元方④时年七岁，门外戏。客问元方："尊君⑤在不（fǒu）？"答曰："待君久不至，已去。"友人便怒，曰："非人哉（zāi）！与人期行，相委而去。"元方曰："君与家君期日中。日中不至，则是无信；对子骂父，则是无礼。"友人惭，下车引之。元方入门不顾。

注释

① 陈太丘：陈寔（shí），曾任太丘长。
② 期行：约定时间同行。
③ 日中：中午。
④ 元方：陈纪，字元方，陈寔之子，有德行，以孝著称。元方年少气盛，是非分明。
⑤ 尊君：对别人父亲的尊称。尊，地位或辈分高；君，封建时代指帝王、诸侯等，引申为对人的尊

称，道德品行良好的人也可称君子。

译文

太丘长陈寔和朋友约好一同外出，约定时间是中午。过了中午朋友还没有来，陈寔不管他自己走了，（他）走了以后朋友才到。（陈寔儿子）元方当时七岁，正在门外玩耍。来客问元方："令尊在家吗？"元方回答说："（家父）等了您很久不来，已经走了。"那位朋友便生起气来，说道："真不是人呀！和别人约好一起走，却扔下别人自己走了。"元方说："您跟家父约定的时间是中午。到了中午（您）还不来，这就是不守信用；当着人家儿子骂他的父亲，这是无礼。"那位朋友很惭愧，就下车来拉他。元方跑进大门，头也不回。

考试重点字词

（1）**期**：约定时间。 （2）**至**：到。 （3）**舍**：丢下，放弃。

（4）**乃**：才。 （5）**戏**：玩耍。 （6）**去**：离开。

（7）**委**：抛弃，丢下。 （8）**引**：牵，拉。 （9）**顾**：回头看。

点评

陈太丘：面对友人迟到并没有留恋，而是果断地离开。

友人：明明是自己的错，却怪罪陈太丘，还对着元方骂他的父亲，无信又无礼，但是知错能改。

元方：面对父亲友人的无信和无礼，敢于大胆指出，正直不阿，聪明机智。

二

南阳宗世林①，魏武②同时，而甚薄③其为人，不与之交。及魏武作司空④，总朝政，从容问宗曰："可以交未？"答曰："松柏之志犹存。"世林既以忤（wǔ）旨见疏⑤，位不配德。文帝兄弟⑥每造其门，皆独拜床⑦下。其见礼如此。

注释

① 宗世林：宗承，字世林，以德行被世人敬重。

② 魏武：曹操，死后追尊为魏武帝。曹操年轻时，想和宗世林结交，遭到拒绝。

③ 薄：轻视，看不起。

④ 司空：官名，三公之一，参议国事。曹操曾任司空，总揽朝政。

⑤ 见疏：被疏远。曹操后来只是在礼节上厚待宗世林，但是压低他的官职。

⑥ 文帝兄弟：指曹操的儿子曹丕、曹植等。曹丕为魏文帝。

⑦ 床：坐榻。

译文

南阳郡人宗世林是和魏武帝曹操同时代的人，（他）很看不起曹操的为人，不肯和曹操结交。等到曹操做了司空，总揽朝廷大权的时候，随口问宗世林："现在可不可以（同我）结交呢？"宗世林回答说："我松柏一样的志气还在。"宗世林就因为违背曹操的心意被疏远，官位和他的德行不相匹配。曹丕与曹植兄弟每次到他家拜访，都在他的坐榻前行拜见礼。他受到的礼遇就像这样。

考试重点字词

（1）甚：很，非常。　（2）及：等到。　（3）犹：还，仍然。

（4）以：因为。　（5）见：被。　（6）造：到……去。

（7）皆：全，都。

点评

　　人，可能成不了一呼百应的风云人物，可能成不了特立独行、海雨天风独往来的逍遥高手，但人应该有一个开阔的、澄澈的精神空间，有合乎天道人伦的操守，有一以贯之的为人处世准则。这应是常怀"松柏之志"的宗世林给我们的启示。

三

　　诸葛亮之次渭滨，关中震动①。魏明帝②深惧晋宣王③战，乃遣辛毗（pí）④为军司马。宣王既与亮对渭而陈⑤（zhèn），亮设诱谲（jué）⑥万方⑦。宣王果大忿（fèn），将欲应之以重兵。亮遣间谍觇（chān）⑧之，还曰："有一老夫⑨，毅然仗黄钺（yuè）⑩，当军门立，军不得出。"亮曰："此必辛佐（zuǒ）治也。"

注释

① "诸葛亮"句：诸葛亮任蜀汉丞相，东联孙吴，数次北伐曹魏。公元234年在渭水南五丈原出兵攻魏，魏遣大将军司马懿领兵防御。蜀兵远来，需要速战速决，司马懿却屯兵以候其变。八月，诸葛亮病死，汉兵退。

② 魏明帝：曹叡（ruì），魏文帝曹丕的儿子，诸葛亮伐魏正是他在位的时候。

③ 晋宣王：司马懿。魏咸熙元年晋国初建，追尊他为宣王。他的孙子司马炎建立晋朝，又追尊他为宣帝。

④ 辛毗：字佐治，任行军司，将军府的官员，平时总理事务，作战时负参谋之责。

⑤ 陈：通"阵"，排列成阵。

⑥ 诱谲：诱惑欺诈。

⑦ 万方：千方百计。（按：司马懿以前曾多次与诸葛亮交锋，害怕战败，不敢出战，想拖垮诸葛亮。据说诸葛亮送他妇女戴的头巾，欲激怒他出战，他只好故意向朝廷请战以张声势，魏明帝懂得他的用意，也怕战败，就派辛毗持君命来阻止，其中也有为司马懿遮羞之意。）

⑧ 觇：侦察。

⑨ 老夫：老年男子。

⑩ 黄钺：用黄金装饰的钺（圆刃或平刃，形似斧），是帝王赐给主管征伐的重臣的兵器。这里表明辛毗奉命监军。

译文

　　诸葛亮把军队驻扎在渭水之滨的时候，关中地区人心震动。魏明帝非常害怕晋宣王司马懿出战，于是派辛毗去担任军司马（大将军军师）。司马懿已经和诸葛亮隔着渭水对阵，诸葛亮千方百计地设法诱骗他出战。司马懿果然非常愤怒，就想用重兵来对付诸葛亮。诸葛亮派间谍去侦察他的行动，（间谍）回来报告说："有一个老人，坚定地拿着黄钺，在军营门口站着，军队都出不来。"诸葛亮说："这一定是辛佐治了。"

考试重点字词

（1）**次**：临时驻扎。　（2）**惧**：害怕。　（3）**乃**：于是，就。

（4）**为**：担任。　（5）**既**：已经。　（6）**谲**：欺诈。

（7）**忿**：愤怒。　（8）**欲**：想要。　（9）**还**：返回。

点评

辛毗是三国时期有胆有识的治世之才，他能够洞察时势、深谋远虑，性情耿直坦率、刚正不阿。他仕魏王曹操，以及文帝、明帝时，都提出过很好的谏言。

四

晋武帝时，荀勖（xù）①为中书监，和峤（qiáo）为令②。故事③，监、令由来④共车。峤性雅正⑤，常疾勖谄（chǎn）谀（yú）。后公车来，峤便登，正向前坐，不复容勖。勖方更觅车，然后得去。监、令各给车⑥，自此始。

注释

① 荀勖：字公曾，初仕于魏，入晋后拜中书监等。

② 中书监、令：中书监和中书令。中书令在汉朝时由宦官担任，掌管朝廷文书奏章等。晋代增设中书监。中书监和中书令职务相等，但中书监位次略高。

③ 故事：前代的制度，成例。

④ 由来：向来。

⑤ 雅正：正直。

⑥ 给车：供应车子。

| 译文 |

晋武帝时，荀勖任中书监，和峤任中书令。按照惯例，中书监中书令向来同坐一辆车。和峤本性正直，一向憎恶荀勖的阿谀逢迎。后宫车来到，和峤就先上车，正对着前面端坐，再也容不下荀勖（坐了）。荀勖这才重新找车，然后才能离开。为中书监和中书令各自提供车，就是从这时开始的。

考试重点字词

（1）**为**：担任。　　（2）**共**：共同，一起。　　（3）**疾**：厌恶，憎恨。

（4）**谄谀**：谄媚阿谀，巴结奉承。　　（5）**复**：再，又。

（6）**更**：重新。　　（7）**去**：离开。

点评

和峤是晋朝一代名臣，从他即使是工作需要也不愿意和自己看不上的人乘坐同一辆车这样的生活琐事上，就可以看出他刚正不阿、爱憎分明。

五

阮（ruǎn）宣子①论鬼神有无者。或以人死有鬼，宣子独以为无，曰："今见鬼者云，著（zhuó）生时衣服，若人死有鬼，衣服复有鬼邪？"

| 注释 |

① 阮宣子：阮修，字宣子，西晋时期大臣、名士阮咸侄子。

| 译文 |

阮宣子谈论鬼神有无的问题。有人认为人死后有鬼，唯独阮宣子认为没有，说："现有自称看见过鬼的人说，（鬼）穿着活着时候的衣服，如果人死了有鬼，那么衣服也有鬼吗？"

考试重点字词

（1）论：谈论。　（2）或：有人。　（3）以：认为。

（4）独：唯独。　（5）云：说。　（6）著：穿着。

（7）若：如果。　（8）复：再，又。

点评

阮宣子爱好玄学，善于清谈。他力证的"无鬼论"，在当时社会是具有超前意识的唯物主义思想。本文体现了他善于推理、佐证，具有极强的思辨能力。

六

王含①作庐江郡，贪浊狼籍（jí）②。王敦（dūn）护其兄，故于众坐称："家兄在郡定佳，庐江人士咸称之。"时何充为敦主簿，在坐，正色曰："充即庐江人，所闻异于此！"敦默然。旁人为之反侧③，充晏（yàn）然④神意自若。

注释

① 王含：字处弘，是王敦的哥哥。

② 狼籍：也作"狼藉"，散乱，此处指行为不检点，名声很不好。

③ 反侧：转侧，形容不安。

④ 晏然：指心情平静，没有顾虑，安详的样子。

译文

王含任庐江郡太守时，贪污腐败，名声很差。王敦袒护他哥哥，特意在大家面前称赞说："我哥哥在郡内一定政绩很好，庐江人士都称颂他。"当时何充担任王敦的主簿，也在座，严肃地说："我就是庐江人，所听到的和你说的不一样！"王敦默不作声。旁人都为何充感到不安，何充却十分坦然，神态自若。

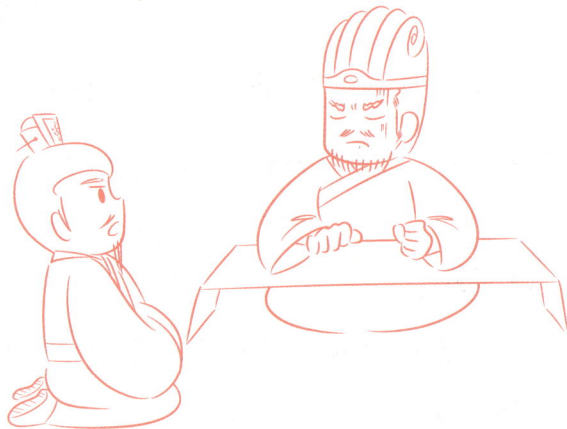

考试重点字词

（1）作：担任。　　（2）故：特意。　　（3）佳：好。

（4）咸：都。　　（5）称：称赞。　　（6）为：担任。

（7）正色：神情庄重，态度严肃。　　（8）闻：听说。

（9）默然：沉默不语的样子。

点评

何充坦然指出王含的声望和王敦所说的不一样，唯方正无私之人敢于在众人面前说真话，表达自己心里的真实想法。

七

苏峻既至石头①，百僚（liáo）奔散，唯侍中②钟雅③独在帝④侧。或谓钟曰："见可而进，知难而退，古之道也⑤。君性亮直⑥，必不容于寇（kòu）雠（chóu），何不用随时之宜⑦，而坐待其弊（bì）⑧邪？"钟曰："国乱不能匡，君危不能济，而各逊（xùn）遁（dùn）⑨以求免，吾惧董狐⑩将执简而进矣！"

注 释

① "苏峻"句：苏峻起兵谋反，攻入建康（今江苏南京）后，听说陶侃等已起兵讨伐，便退守石头城，并逼皇帝迁到石头城。石头：石头城，为东晋军事重镇，旧址在今江苏南京清凉山。

② 侍中：侍从皇帝左右的官。

③ 钟雅：字彦胄（zhòu），晋朝大臣，太傅钟繇后代。

④ 帝：晋成帝司马衍。

⑤ "见可"句："见可而进，知难而退"两句引自《左传·宣公十二年》，意思是根据实际情况决定进攻还是退却。可：合适。

⑥ 亮直：坦诚正直。

⑦ 用随时之宜：因时制宜，顺着不同时机，采取合适的措施。

⑧ 毙：通"毙"，死。

⑨ 逊遁：退避。

⑩ 董狐：春秋时晋国的史官，以记事不加隐讳、秉笔直书著名。据《左传·宣公二年》载，晋灵公想杀大夫赵盾，赵盾出逃，后来赵穿杀了晋灵公，赵盾才回来。太史董狐认为赵盾逃亡没有越过国境，回来后又不声讨叛贼，就记载"赵盾弑其君"，并拿到朝廷上给人看。"吾惧"句的意思是担心史官记其事于史籍而遗臭万年。

译文

苏峻率叛军到了石头城后，朝中百官逃散，只有侍中钟雅独自留在晋成帝身边。有人对钟雅说："看到情况允许就前进，知道困难就后退，这是自古就有的道理。您本性坦诚正直，一定不会被仇敌宽容，为什么不采取权宜之计，却要坐着等死呢？"钟雅说："国家有变乱而不能纠正，君主有危难而不能救助，却各自逃避以求免祸，我怕董狐就要拿着竹简前来记载了！"

考试重点字词

（1）**既至**：已经到达。　（2）**唯**：只有。　（3）**侧**：旁边。

（4）**或**：有人。　（5）**谓**：对……说。　（6）**匡**：纠正。

（7）**济**：帮助，救助。　（8）**惧**：害怕。　（9）**将**：将要。

成语

（1）**知难而退**：原指作战时相机行事，遇到不利情况及时退避。后泛指碰到困难就退缩。

（2）**坐以待毙**：坐着等死，指不采取积极行动而等待失败。

点评

这篇故事表现了晋朝官员钟雅的优秀品质。钟雅本性忠诚正直，国家有难时没有像其他人一样逃避，仍然坚持履行自己的职责，乃一代忠臣。

八

孔君平①疾笃（dǔ），庾司空②为会稽，省（xǐng）之。相问讯③甚至④，为之流涕。庾既下床，孔慨（kǎi）然曰："大丈夫将终，不问安国宁家之术，乃作儿女子⑤相问！"庾闻，回谢之，请其话言⑥。

注释

① 孔君平：孔坦，字君平，曾任尚书郎、吴郡太守等。
② 庾司空：庾冰，字季坚，曾任会稽内史、车骑将军等。
③ 问讯：问候。
④ 至：恳切，周到。
⑤ 儿女子：孩童。
⑥ 话言：这里指说有益的话。

译文

　　孔君平病重，庾冰当时任会稽郡内史，前去探望他。庾冰问候的话极为周到，并为孔君平流了泪。庾冰离开坐榻后，孔君平感慨地说："大丈夫快死了，你不问安邦定国的办法，却做出小儿女的样子来问候我！"庾冰听见了，便转身向孔君平道歉，请他给予教诲。

考试重点字词

（1）**疾笃**：病重。　（2）**省**：探望。

（3）**流涕**：流泪。　（4）**术**：方法。

（5）**乃**：却。　（6）**谢**：道歉。

点评

　　这篇故事中的主人公孔君平，即使身患重病，依然不忘忧国忧民，是受人敬仰的贤臣。

九

　　王述①转②尚书令，事行③便拜。文度④曰："故应让杜、许⑤。"蓝田云：

"汝谓我堪此不（fǒu）？"文度曰："何为不堪！但克让⑥自是美事，恐不可阙（quē）。"蓝田慨然曰："既云堪，何为复让？人言汝胜我，定不如我。"

注 释

① 王述：字怀祖，东晋官员，袭爵蓝田侯，世称王蓝田。
② 转：调动官职。
③ 事行：事情实现，指诏命下达。
④ 文度：王坦之，字文度，是王述的儿子。
⑤ 杜、许：事迹不详。
⑥ 克让：能谦让。克：能。

译 文

王述调任尚书令，诏命下达就授给官职。（他儿子）王文度说："本来应该让给杜、许。"王述说："你说我能否胜任这个职务？"文度说："怎么不能胜任！不过能谦让自然是好事，恐怕是不可缺少的。"王述感慨地说："既然说能胜任，为什么又要谦让呢？人家说你胜过我，我说你必定不如我。"

考试重点字词

（1）拜：授给官职。 （2）故：本来。

（3）堪：胜任。 （4）不：通"否"。

（5）但：只是，不过。 （6）阙：通"缺"，缺少。

点评

从这篇故事中，我们可以看出蓝田侯王述性格直爽，同时对于自己的个人能力有足够的自信。

十

刘简①作桓宣武②别驾③，后为东曹参军④，颇（pō）以刚直见疏。尝听记⑤，简都无言。宣武问："刘东曹何以不下意⑥?"答曰："会不能用。"宣武亦无怪色。

注释

① 刘简：字仲约，官至大司马参军。

② 桓宣武：桓温，谥号宣武。

③ 别驾：官名，刺史的佐官，因其职位较高，出巡时不与刺史同车，别乘一车，故名别驾。

④ 东曹参军：州郡属官。

⑤ 记：指公文。

⑥ 下意：指表示意见。

译文

刘简任桓温的别驾，后来担任东曹参军，因为性格刚烈正直非常被桓温疏远。他曾听取桓温关于公文的指示，刘简什么都不说。桓温问他："刘东曹为什么不发表一点意见?"刘简回答说："应当不会被采纳。"桓温听了，也没有责怪的神色。

考试重点字词

（1）作：担任。　　（2）颇：很，非常。　　（3）以：因为。

（4）见疏：被疏远。见，表被动。　　（5）尝：曾经。

（6）何以：为什么。　　（7）会：应当，一定。

点评

故事体现出刘简刚烈正直的性格，即使面对地位官职高于自己的人，他也能做到直言不讳，这一点难能可贵。

十一

王恭①欲请江卢奴②为长史，晨往诣（yì）江，江犹在帐中。王坐，不敢即言，良久乃得及。江不应，直唤人取酒，自饮一碗，又不与王。王且笑且言：

"那得独饮?"江云:"卿亦复须邪?"更使酌（zhuó）与王，王饮酒毕，因得自解③去。未出户，江叹曰:"人自量④，固为难。"

注释

① 王恭：曾任前将军，青、兖二州刺史。

② 江卢奴：江敳（ái），字仲凯，小名卢奴，是当时知名人士。

③ 自解：自求解脱，脱身。

④ 自量：指估量自己的才德。

译文

　　王恭想请江卢奴任长史，早晨前去拜访江卢奴，江卢奴还在床帐里（没起床）。王恭坐下来，不敢立即表明来意，过了很久才说到这件事。江卢奴也不回答，只是叫人拿酒来，自己喝了一碗，也不给王恭喝。王恭一边笑一边说:"哪能一个人独自喝酒呢?"江卢奴说:"你也要喝吗?"又叫仆人倒碗酒来给王恭，王恭喝完酒，借机脱身离去。还没有出门，江卢奴叹息说:"一个人要估量自己，确实是很难。"

考试重点字词

　　（1）欲：将要。　　（2）诣：拜访。　　（3）犹：还，仍然。

　　（4）即：立刻。　　（5）良久：很久。　　（6）应：回答。

　　（7）且……且……：一边……一边……　　（8）更：再。

点评

　　王恭想请江卢奴做官，但又不敢开口，过了很久，他终于向江卢奴提起此事，但对方却不回答，而是借喝酒羞辱了他。这件事启示我们，人贵有自知之明，不要做不自量力的事情。

雅量第六

题解

雅量，指宽宏的胸襟气量。魏晋时代讲究名士风度，这就要求人们注意举止、姿势的旷达、潇洒，强调七情六欲都不能在神情、态度上流露出来。不管内心活动如何，只能深藏不露，表现出来的应是宽容、平和、若无其事，就是说，见喜不喜、临危不惧，处变不惊，遇事不改常态，这才不失名士风度。此外，为人不虚伪、纯任自然、不为外物所累，都可以看成雅量。

原文共四十二则，本书选其中十则。

一

嵇中散①临刑东市②，神气不变，索琴弹之，奏《广陵散（sǎn）》③。曲终，曰："袁孝尼④尝请学此散，吾靳（jìn）固⑤不与，《广陵散》于今绝矣！"太学生⑥三千人上书，请以为师，不许。文王⑦亦寻悔焉。

注释

① 嵇中散：嵇康，曾任中散大夫。
② 东市：汉朝长安行刑的场所，后用来指刑场。
③《广陵散》：古琴曲，嵇康善弹此曲。
④ 袁孝尼：袁准，字孝尼。
⑤ 靳固：吝惜固执。
⑥ 太学生：朝廷所设最高学府太学的学生。
⑦ 文王：司马昭，谥文王。

译文

中散大夫嵇康在东市被处决前，神色不变，（他）要来琴，弹奏了一曲《广陵散》。弹完后，说："袁孝尼曾经请求学这支曲子，我吝惜固执，不肯传给他，《广陵散》从今以后要失传了！"三千名太学生上书，请求拜他为师，（朝廷）不准许。（嵇康被杀后，）文王司马昭不久也后悔了。

考试重点字词

（1）尝：曾经。　　（2）与：给予。　　（3）绝：断绝，这里指失传。
（4）许：答应，允许。　（5）寻：不久。

点评

嵇康是一位伟大的艺术大师，为人耿直。在走向刑场时，三千多太学生上书朝廷，请求拜嵇康为师，希望能赦免嵇康的死罪。但这种"无理要求"当然不会被当权者接纳。这正向社会昭示了嵇康的艺术造诣和人格魅力。

二

夏侯太初①尝倚柱作书，时大雨，霹（pī）雳（lì）②破所倚柱，衣服焦然③，神色无变，书亦如故。宾客左右皆跌荡④不得住。

注释

① 夏侯太初：夏侯玄，字太初。
② 霹雳：响声很大的雷。
③ 焦然：烧焦的样子。
④ 跌荡：跌跌撞撞。

译文

夏侯太初曾经靠着柱子写字，当时下着大雨，雷电击破了他所靠的柱子，衣服烧焦了，（但他）神色不变，照样写字。宾客和随从都跌跌撞撞，站立不稳。

考试重点字词

（1）**尝**：曾经。　　　　（2）**倚**：靠着。

（3）**如故**：照样，和原来一样。　（4）**皆**：全，都。

点评

夏侯太初博学多识，才华出众。故事通过对比手法突出了夏侯太初的沉着冷静，呈现的画面让我们想到了"泰山崩于前而色不变"。君子处事应当有这样的风度。

三

王戎①七岁，尝与诸小儿游。看道边李树多子折枝②，诸儿竞走取之，唯戎不动。人问之，答曰："树在道边而多子，此必苦李。"取之，信然③。

注释

① 王戎：字濬（jùn）冲，魏晋名士。

② 折枝：使树枝弯曲。

③ 信然：确实这样。

译文

王戎七岁的时候，曾经和很多小孩儿出去游玩。看见路边的李树挂了很多果实，压弯了树枝，孩子们争先恐后跑去摘李子，只有王戎站着不动。别人问他，他回答说："树在路边却有这么多果实，这一定是苦的李子。"摘下李子来（一尝），果真是这样。

考试重点字词

（1）**尝**：曾经。　（2）**诸**：众多。　（3）**子**：果实。

（4）**竞**：争相。　（5）**唯**：只有。

点评

王戎看到长在路边的李树结了那么多果子却没有人采摘，推断出此果必定是苦的。故事告诉我们遇事要先动动脑筋，多观察，多思考，不要盲目行动。

四

魏明帝①于宣武场②上断虎爪牙③，纵百姓观之。王戎七岁，亦往看。虎承间④攀栏而吼，其声震地，观者无不辟（bì）易颠仆（pū）⑤。戎湛（zhàn）然⑥不动，了无恐色。

注释

① 魏明帝：曹叡（ruì），曹丕之子。

② 宣武场：场地名，在洛阳城北。

③ 断虎爪牙：据记载，魏明帝筑起栅栏，包住老虎的爪牙，不让它伤人。

④ 承间：同"乘间"，趁着空子。

⑤ 颠仆：跌倒。

⑥ 湛然：形容镇静。

译文

魏明帝在宣武场上筑起栅栏，围住老虎，包住老虎的爪牙，任凭百姓观看。王戎当时七岁，也去看。老虎乘隙攀住栅栏大吼，它的吼声震天动地，围观的人没有不吓得退避跌倒的。王戎却镇静不动，一点也不害怕。

考试重点字词

（1）纵：任凭，放任。　　（2）亦：也。

（3）其：它的。　　（4）辟易：退避。

点评

王戎虽然年少，面对着老虎却比大人还要镇定自若，此篇和前篇都赞扬王戎早慧。

五

裴叔则①被收，神气无变，举止自若。求纸笔作书。书成，救者多，乃得免。后位仪同三司②。

注释

① 裴叔则：裴楷，字叔则，曾任屯骑校尉、太子少师。（按：公元290年晋武帝死，晋惠帝立，太傅杨骏辅政，第二年皇后贾氏杀杨骏，裴楷和杨骏是儿女亲家，也被逮捕。）
② 仪同三司：指给予三公的待遇。三公是古代中央三种最高官衔的合称。

译文

裴叔则被逮捕时，神态不变，举动如常。（他）要来纸笔写信。书信写成后，营救他的人很多，（他）才得以免罪。后来他官位做到仪同三司。

考试重点字词

（1）收：逮捕。　　（2）书：信。　　（3）乃：才。

成语

举止自若：举动不失常态。形容临事镇定，举动不失常态。

点评

从"神气无变，举止自若"，可见裴楷气度非凡，即使被逮捕也能保持体面；从"救者多，乃得免"，可见他为人性格宽厚，受人爱戴；从"后位仪同三司"，可见其实力不俗。短短三十二字便刻画出一个风度翩翩、才华出众的名士形象。

六

郗（xī）太傅[1]在京口[2]，遣（qiǎn）门生与王丞相[3]书，求女婿。丞相语郗信："君往东厢，任意选之。"门生归，白郗曰："王家诸郎，亦皆可嘉，闻来觅婿，咸自矜持[4]。唯有一郎，在东床上坦腹[5]卧，如不闻。"郗公云："正此好！"访之，乃是逸少[6]，因嫁女与焉。

注释

① 郗太傅：郗鉴，曾兼徐州刺史，镇守京口。
② 京口：古城名，旧址在今江苏镇江。
③ 王丞相：王导。
④ 矜持：指拘谨，做出端正严肃的样子。
⑤ 坦腹：敞开上衣，露出腹部。（按：后称人女婿为东床或令坦，源自于此。）
⑥ 逸少：王羲之，字逸少，是王导的堂房侄子。

译文

太傅郗鉴在京口的时候，派门生送信给丞相王导，想（在他家）挑个女婿。王导告诉郗鉴的信使说："您到东厢房去，随意挑选吧。"门生回去，禀告郗鉴说："王家的那些公子，都还值得夸奖，听说来挑女婿，各自都拘谨起来。只有一位公子，在东边床榻上袒胸露腹地躺着，好像没有听见一样。"郗鉴说："恰恰是这个好！"打听此人，原来是王逸少，（郗鉴）于是就把女儿嫁给他。

考试重点字词

（1）遣：派。 （2）皆：都。 （3）闻：听说。
（4）唯：只有。 （5）如：好像。 （6）乃：原来。

成语

东床坦腹：露出肚皮躺在东床，指做女婿。也指女婿。

点评

文中王羲之面对郗太傅招女婿不为所动，而是在东床上坦腹而卧，可见他沉着自信、处世坦然、随性洒脱、不慕权门。

七

谢太傅[1]盘桓[2]东山时，与孙兴公诸人泛海[3]戏。风起浪涌，孙、王诸人色并遽（jù），便唱[4]使还。太傅神情[5]方王[6]（wàng），吟啸不言。舟人以公貌闲意说[7]（yuè），犹去不止。既风转急，浪猛，诸人皆喧动不坐。公徐云："如此，将无归！"众人即承响[8]而回。于是审其量，足以镇安朝野。

注释

① 谢太傅：谢安。（按：谢安在出任官职前，曾在会稽郡的东山隐居，时常和孙兴公、王羲之、支道林等畅游山水。）

② 盘桓：徘徊，逗留。

③ 泛海：坐船出海。

④ 唱：高呼。

⑤ 神情：精神兴致。

⑥ 王：通"旺"，指精神旺，兴致高。

⑦ 说：通"悦"，愉快。

⑧ 承响：应声。

译文

太傅谢安在东山逗留期间，和孙兴公等人坐船到海上游玩。（海面上）起了风，浪涛汹涌，孙兴公、王羲之等人的神色都惊恐不已，便高呼让船开回去。谢安却精神振奋，兴致正高，吟咏啸呼，不发一言。船夫因为谢安神态安闲，心情愉悦，便仍然摇船向前不停。一会儿，风势更急，浪更猛了，大家都叫嚷躁动起来，坐不住了。谢安慢慢地说："既然这样，不如回去吧！"大家立即响应，就回去了。从这件事可知谢安的气度，足以镇抚朝廷内外，安定国家。

考试重点字词

（1）**遽**：惊惧，慌张。　（2）**以**：因为。　　（3）**貌**：神态。

（4）**意**：心情。　　　（5）**去**：离开，这里指行进。　（6）**徐**：慢慢地。

点评

　　谢安在风浪中依旧不动声色，可以看出他有大将之风，是一个处事不惊的人。

八

　　桓公伏甲设馔（zhuàn），广延朝士，因此欲诛谢安、王坦之①。王甚遽（jù），问谢曰："当作何计？"谢神意不变，谓文度曰："晋祚（zuò）②存亡，在此一行。"相与俱前。王之恐状，转见于色。谢之宽容，愈表于貌。望阶趋席③，方④作洛生咏⑤，讽"浩浩洪流"⑥。桓惮其旷远⑦，乃趣（cù）⑧解兵。王、谢旧齐名，于此始判优劣。

| 注 释 |

① "桓公"句：晋简文帝死时，桓温在外地镇守，遗诏命其辅政，没有满足他的篡位野心，他就以为是吏部尚书谢安和侍中王坦之（字文度）的主意，非常愤恨。桓温后入朝，屯兵新亭，要谢、王前去迎接，想杀掉二人。甲：甲士，披铠甲的士兵。

② 祚：皇位，国运。

③ 望阶趋席：指看着台阶快步走向座席。

④ 方：通"仿"，仿效。

⑤ 洛生咏：指仿效西晋首都洛阳读书之音的吟诗声，当时名士间盛行。

⑥ 浩浩洪流：这是嵇康《赠秀才入军五首》第四首第一句，意谓大河流水浩浩荡荡。

⑦ 旷远：旷达，心胸宽阔。

⑧ 趣：通"促"，急促，赶快。

译文

　　桓温埋伏好披铠甲的士兵，设好宴席，遍请朝中百官，想趁此机会杀掉谢安和王坦之。王坦之非常惊恐，问谢安说："应该做什么打算？"谢安神色不变，对王坦之说："晋朝的存亡，决定于我们这一次去的结果。"两人一起前去赴宴。王坦之惊恐的状态，越来越明显地表现在脸色上。谢安的从容，也越发表现在面容上。(他)看着台阶快步走向座席，模仿洛生咏的声韵，朗诵起"浩浩洪流"的诗句。桓温害怕他那种旷达的胸襟，便赶快撤走了埋伏的士兵。原先王坦之和谢安名望相当，通过这件事才分出了高下。

考试重点字词

（1）**伏**：埋伏。　　　（2）**馔**：宴席。　　　（3）**延**：邀请。

（4）**遽**：恐惧。　　　（5）**计**：谋划，打算。　（6）**俱**：一同。

（7）**见**：显现。　　　（8）**色**：脸色。　　　（9）**趋**：快步走。

点评

　　面对危险，谢安面不改色，从容镇定；面对朝廷存亡，谢安敢于担当大任。而王坦之则惊慌失措，只能听从谢安的安排。二人高下立见。

九

　　戴公①从东出，谢太傅往看之。谢本轻戴，见，但与论琴书。戴既无吝色②，而谈琴书愈妙。谢悠然③知其量。

注释

① 戴公：戴逵，字安道，居会稽（jī）郡剡（shàn）县（今浙江嵊州西南）。不肯出仕，有清高之名。擅长琴棋书画。

② 吝色：受辱的表情，这里指不乐意的神色。

③ 悠然：深远的样子。

译文

戴逵从东边会稽到京城，太傅谢安去看望他。谢安原本轻视戴逵，见了面只和他谈论琴法、书法。戴逵不但没有不乐意的表情，而且谈起琴法、书法来愈发高妙。谢安这才深深发觉到他那种超然脱俗的气量。

考试重点字词

（1）往：去。　　　　　（2）之：代词，他。

（3）轻：轻视。　　　　（4）既：不但。

点评

别人对你的评价和看法有时候并不重要，不可因为别人的评价而动摇自己。如果能坦然面对别人的品头论足，那你就是一个有气量、经得住考验的人。

十

谢公与人围棋，俄而谢玄淮上信至①。看书竟，默然无言，徐向局。客问淮上利害，答曰："小儿辈大破贼。"意色举止，不异于常。

注释

① "俄而"句：公元383年，前秦符（fú）坚发兵大举南侵，企图灭晋，军队屯驻淮河、淝水间。当时晋朝谢安总揽朝政，谢安派他弟弟谢石、侄谢玄率军在淝水坚拒符坚军，符坚大败，这就是"淝水之战"。淮上：淮河上。淝水为淮河上游之支流，故称。

译文

　　谢安和客人下围棋，一会儿谢玄从淝水战场上派出的信使到了。谢安看完信，默不作声，又慢慢地转向棋局。客人问他淝水战场上的胜败情况，谢安回答说："小孩子们大破贼军。"（说话时的）神色、举动，和平时没有两样。

考试重点字词

（1）**俄而**：不久，一会儿。　　（2）**竟**：完毕，终了。

（3）**徐**：慢慢地。

点评

　　谢安看信后一言不发，神色举动和平常没有两样，表现了他内敛低调、运筹帷幄、决胜千里的大将风度。

识鉴第七

题解

识鉴，指对人或事物的认识和鉴别。本篇指能知人论世，鉴别是非，赏识人才。魏晋时代，常常通过品评人物的品德才能，预见这一人物未来的变化和优劣得失，如果预见最终实现，预见者就被认为有识鉴。品评也包括审察人物的相貌和言谈举止再下断语，这类断语一旦被证实，同样被认为有识鉴。有识人之明，意味着能够在少年儿童中识别某人将来的才干，甚至预估官禄爵位，能够在默默无闻的人群中选拔人才。那些对事件有洞察力的人，往往能见微知著，预见国家的兴亡、世事的得失，也被称为有识鉴。

原文共二十八则，本书选其中八则。

一

曹公①少时见乔玄②，玄谓曰："天下方乱，群雄虎争，拨而理之，非君乎？然君实是乱世之英雄，治世③之奸贼④。恨吾老矣，不见君富贵，当以子孙相累⑤。"

注释

① 曹公：曹操。
② 乔玄：字公祖，曾任尚书令，为官清廉。
③ 治世：太平盛世。
④ 奸贼：狡诈凶残的人。
⑤ 累：劳累。这里指把子孙托付给他照顾。

译文

曹操年轻时去见乔玄，乔玄对他说："天下正动乱不定，各路英雄如虎相争，整顿治理

天下，不是要靠您吗？可是您实在是乱世中的英雄，治世中的奸贼。遗憾的是我老了，看不到您富贵发达了，只有把子孙拜托给您照顾了。"

考试重点字词

（1）**少**：年轻，年纪小。 （2）**谓**：告诉，对……说。

（3）**方**：正，正在。 （4）**拨**：整顿。

（5）**恨**：遗憾。

成语

乱世英雄：混乱动荡时代的杰出人物。

点评

乔玄在曹操年少时，便直言曹操是"乱世之英雄，治世之奸贼"，可见乔玄具有先见之明，也并非因为要托付子孙而虚夸他。

二

曹公问裴潜①曰："卿昔与刘备共在荆州，卿以备才如何？"潜曰："使居②中国③，能乱人，不能为治；若乘边④守险，足为一方⑤之主。"

注释

① 裴潜：字文行，曾避乱荆州，投奔刘表，刘备也曾依附刘表，曹操指的就是这件事。

② 居：占有。

③ 中国：中原地区。

④ 乘边：驾御边境，即指防守边境。

⑤ 方：地区。

译文

曹操问裴潜道："你过去和刘备一起在荆州，你认为刘备的才干怎么样？"裴潜说："如

果让（他）占有中原地区，会扰乱百姓，不能实现太平治世；如果（让他）驻守边境，防守险要地区，他就完全能够成为一方霸主。"

考试重点字词

（1）昔：往日，以前，过去。　（2）共：共同，一起。

（3）以：认为。　　　　　　　（4）若：假如，如果。

（5）足：完全，足够。

点评

裴潜从两方面说明了刘备的才能。果不其然，正如裴潜所言，刘备后来成为西南蜀汉王朝的建立者。

三

石勒（lè）①不知书，使人读《汉书》。闻郦（lì）食（yì）其（jī）②劝立六国后，刻印将授之，大惊曰："此法当失，云何得遂有天下？"至留侯③谏，乃曰："赖有此耳！"

注释

① 石勒：字世龙，羯（jié）族人，起兵反晋室，公元319年自称赵王。后来攻占了晋朝淮河以北大片土地。到330年又自称大赵天王，行皇帝事。

② 郦食其：汉高祖刘邦的谋士。（按：楚汉之争，项羽把刘邦困在荥阳，郦食其献计大封战国时代六国的后代，以此壮大势力，阻挠项羽的扩张。刘邦采纳此计，马上下令刻印章，准备加封。）

③ 留侯：张良，字子房，刘邦的主要谋士，汉朝建立后封留侯。

译文

石勒不识字，叫别人读《汉书》给他听。（他）听到郦食其劝刘邦封立六国的后代为王，刻了印章将要授予他们时，大惊道："这种做法会失去天下，说什么最终得到天下呢？"当听到留侯张良进谏劝阻时，便说："幸亏有这个人呀！"

考试重点字词

（1）**知**：认识，识别。　　（2）**授**：授予。

（3）**此**：指示代词，与"彼"相对。　　（4）**何**：什么。

（5）**谏**：规劝，劝谏。　　（6）**赖**：幸亏。

点评

石勒虽然目不识丁，但他仍然通过让别人读史书给自己听的方式来学习，表现出了他的求学精神。他听到郦食其对刘邦的建议后，大呼道"此法当失"，而听到留侯的劝谏后，又称赞道"赖有此耳"，表现出了石勒对事情发展的预判和对人才的肯定。

四

张季鹰①辟（bì）齐王②东曹掾（yuàn）③，在洛，见秋风起，因思吴中④菰（gū）菜羹（gēng）⑤、鲈鱼脍（kuài）⑥，曰："人生贵得适意尔，何能羁宦⑦数千里以要（yāo）名爵⑧？"遂命驾便归。俄而齐王败，时人皆谓为见机⑨。

注释

① 张季鹰：张翰，字季鹰，西晋吴郡（今江苏省苏州市）人。他在洛阳当官，看到当时战乱不断，就借想吃家乡名菜为由，弃官归家。

② 齐王：司马冏（jiǒng），封为齐王。晋惠帝时任大司马，辅政大臣，日益骄奢。公元302年，在诸王的讨伐中被杀。

③ 东曹掾：东曹的属官，主管二千石长史的调动等事。

④ 吴中：吴地，苏州。

⑤ 菰菜羹：《晋书·张翰传》作"菰菜、薄羹"，与鲈鱼脍都为吴中名菜。菰菜，茭白。有的版本作"莼菜"。

⑥ 脍：切得很细很薄的肉。

⑦ 羁宦：寄居在外地做官。

⑧ 爵：官位。

⑨ 见机：洞察事情的苗头。机，通"几"。

译文

张季鹰被征召为齐王的东曹掾，在洛阳，（他）看见秋风起，于是就想念老家吴中的菰菜羹和鲈鱼脍，说道："人生可贵的是能够顺心罢了，怎么能远离家乡到几千里外做官，来追求名声和官位呢？"于是就命人驾车南归了。不久齐王战败而死，当时人们都认为（张季鹰）能分辨形势。

考试重点字词

（1）辟：征召。　　（2）思：想念，思念。　　（3）适意：顺心，合意。

（4）何：怎么。　　（5）要：求取，追求。　　（6）俄而：不久，很快。

成语

莼（chún）鲈之思：比喻怀念故乡的心情。

点评

张季鹰在仕途得意之时，以莼鲈之思为由辞官归乡，也由此躲过"八王之乱"。这表现了张季鹰的旷达不羁和对形势的预见能力。

五

王大将军既亡，王应欲投世儒，世儒为江州。王含欲投王舒，舒为荆州①。含语（yù）应曰："大将军平素与江州云何，而汝欲归之？"应曰："此乃所以宜往也。江州当人强盛时，能抗同异，此非常人所行②。及睹衰厄，必兴愍（mǐn）恻（cè）③。荆州守文④，岂能作意表⑤行事！"含不从，遂共投舒。舒果沉含父子于江。彬闻应当来，密具船以待之，竟不得来，深以为恨。

注释

① "王大将军"句：王大将军，即王敦。王舒和王彬（字世儒）是王敦的堂弟，王敦分调他们做荆州刺史和江州刺史。王应是王敦的哥哥王含的儿子，过继给了王敦，王敦派他任武卫将军，做自己的副手。王敦病重时，派王含为元帅，起兵再反，兵败后，王含便和王应投奔王舒，结果王舒派人把他们沉到长江里。

② "江州"句：公元 322 年，王敦起兵攻下石头城时，杀了侍中周颉（yǐ），王彬和周颉是故交，便前去哭尸，并责骂王敦犯上和杀害忠良。抗：抗论，直言不阿。同异：偏义复词，指"异"，不同。

③ 愍恻：怜悯，同情。

④ 守文：遵守成法。

⑤ 意表：意外。

译文

大将军王敦死后，王应想去投奔王世儒（王彬），世儒当时任江州刺史。王含想去投奔王舒，王舒当时任荆州刺史。王含告诉王应说："大将军平时和王彬的关系不怎么样，你怎么想去归附他？"王应说："这才是应该去的原因。江州刺史（王彬）正当人家强大的时候，能够直言不同意见，这不是普通人所能做到的。等到看见人家衰败困厄时，就一定会心生同情。荆州刺史（王舒）遵守成法，怎么能做意料之外的事呢！"王含不听他的意见，于是两人便一起投奔王舒。王舒果然把王含父子沉入长江。王彬听说王应会来，暗地里准备好船等候他们，结果（他们）没能来，（王彬）深感遗憾。

考试重点字词

（1）**既**：已经，……以后。

（2）**投**：投奔，投靠。

（3）**语**：告诉。

（4）**归**：归依，归附。

（5）**宜**：应当，应该。

（6）**睹**：见，看见。

（7）**岂**：难道，哪里，表示反问。

（8）**从**：顺从，听从。

（9）**具**：置办，准备。

（10）**恨**：遗憾。

王敦死后，下面的人分崩离析，树倒猢狲散。王应的眼光独到，具有识人之智，但他却没能坚持己见，终致死亡。

六

小庾临终，自表以子园客为代①。朝廷虑其不从命，未知所遣，乃共议用桓温。刘尹②曰："使伊去，必能克定西楚③，然恐不可复制。"

注释

① "小庾"句：小庾指庾翼，是庾亮的弟弟，在庾亮死后，任安西将军、荆州刺史。后来病重，上奏章推荐次子庾爰（yuán）之代理荆州刺史一职。园客就是庾爰之的小名。

② 刘尹：丹阳尹刘惔（dàn）。

③ 西楚：地名，各时代所指具体地区不一致。这里指荆州一带，因为古属楚，在京都西面，故称西楚。（按：庾翼死后，任桓温为安西将军、荆州刺史，桓温首先起兵西伐，平定蜀。）

译文

庾翼临死时，亲自上奏章推荐自己的儿子庾爰之接替自己担任荆州刺史的职务。朝廷担心庾爰之不肯服从命令，不知该派谁去接替，于是一同商议任用桓温。丹阳尹刘惔说："派他去，一定能攻克并安定西楚地区，可是恐怕就再也控制不了他了。"

考试重点字词

（1）**表**：臣下给皇帝的奏章。这里名词用作动词，上表。

（2）**虑**：忧虑，担心。 （3）**从**：顺从，听从。 （4）**克**：攻克，战胜。

（5）**定**：平定，安定。 （6）**恐**：恐怕，大概会，表示推测。

（7）**复**：再，又。 （8）**制**：遏制、控制。

点评

刘惔对桓温的认识深入细微，不仅了解当下，而且准确预测了将来，懂得知人善用。

七

桓公将伐蜀，在事诸贤咸以李势在蜀既久，承藉累叶，且形据上流，三峡未易可克[1]。唯刘尹云："伊必能克蜀。观其蒲博[2]，不必得则不为。"

注释

[1] "桓公"句：公元346年桓温率水军伐蜀，当时李势正继承父业，占据蜀地称王，国号为汉。到347年桓温攻入成都，李势投降，汉国亡。累叶：累世，好几代。（按：自李特起兵反，传至李势，已经六世，四十多年。）

[2] 蒲博：指樗（chū）蒲，是古代的一种赌博游戏。

译文

桓温将要讨伐蜀地，朝廷的官员们都认为李势在蜀地已经很久，继承了好几代的基业，而且地形上又占据上游，三峡不是轻易能够攻克的。只有丹阳尹刘惔说："他一定能攻克蜀地。看他赌博就知道，没有必胜的把握就不会去做。"

考试重点字词

（1）将：想要，打算。　　（2）咸：全，都。

（3）既：已经。　　　　　（4）叶：世，时期。

（5）易：容易，与"难"相对。（6）唯：只，仅。

（7）必：一定，必然。　　　（8）为：做，干。

点评

余嘉锡说："善知人者观人于微，即其平居动静之间而知其才。"可见，刘惔善于从细微处观察人物，具有独到的眼光。

八

王恭①随父在会稽，王大②自都来拜墓，恭暂往墓下看之。二人素善，遂十余日方还。父问恭："何故多日？"对曰："与阿大语，蝉连③不得归。"因语之曰："恐阿大非尔之友，终乖爱好。"果如其言。

注释

① 王恭：字孝伯，历任中书令，青州、兖（yǎn）州刺史，为人清廉。晋安帝时起兵反对帝室，被杀。

② 王大：王忱，小名佛大，也称阿大，是王恭的同族叔父，官至荆州刺史。

③ 蝉连：连续不断。

译文

王恭随他父亲在会稽郡，王大从京城来会稽扫墓，王恭不久到墓地去看望他。两人一向很要好，于是一同住了十多天才回家。王恭父亲问他："为什么去了那么多天？"王恭回答："和阿大聊天，聊起来没完，没法回来。"他父亲就告诉他说："恐怕阿大不是你的朋友，你们的爱好志趣最终是不能和谐的。"后来果然像他父亲说的那样。

考试重点字词

（1）自：从，由。　（2）善：亲善，友好。　（3）遂：于是。

（4）方：才。　（5）语：谈论，说话。　（6）非：不是。

（7）乖：背离。　（8）果：果然。

点评

正如王恭父亲预判的那样，王恭和王大终究因爱好志趣不同而分道扬镳。真可谓：道不同不相为谋。

赏誉第八

| 题 解 |

　　赏誉指赏识并赞美人物，这是品评人物的风气形成的。品评是魏晋士大夫生活的重要组成部分，当时士大夫常在各种情况下评论人物的高下优劣，其中一些正面的、肯定的评语被记录在本篇里，都是很简练而且被认为是恰当的话。从中可以看出士族阶层的追求和情致。本篇赞赏的内容很广泛，如品德、节操、才情、识见、容貌、举止、神情、风度等。此外如喜好饮酒、会欣赏山光水色等，也会受到赞誉。

　　原文共一百五十六则，本书选其中九则。

一

　　世目①李元礼②："谡（sù）谡③如劲松下风。"

| 注 释 |

① 目：品评。常以某一方式指出人或物的独特之处。
② 李元礼：李膺（yīng），字元礼，东汉官吏。
③ 谡谡：疾风声。

| 译 文 |

　　世人品评李元礼说："其人像挺拔的松树下呼啸而过的疾风。"

考试重点字词

　　（1）世：世人。　　　　（2）如：像。

点评

李元礼为人处世雷厉风行、干净利落，说他"谡谡如劲松下风"，评论精妙。

二

庾太尉①少为王眉子②所知。庾过江，叹王曰："庇（bì）其宇下③，使人忘寒暑。"

注释

① 庾太尉：庾亮，东晋时期名士。
② 王眉子：王玄，字眉子，晋代名士。
③ 宇下：屋檐下。

译文

太尉庾亮年轻时被王玄赏识。后来庾亮渡江南下，赞叹王玄说："在他的屋檐下受到庇护，使人忘记了天气的冷热。"

考试重点字词

（1）为：被。　（2）知：了解。　（3）叹：赞叹。
（4）曰：说。　（5）其：他的。　（6）寒暑：天气的冷热。

点评

王玄曾给庾亮很多关怀和帮助，这让庾亮很久之后仍心怀感激。

三

王公①目太尉②："岩岩③清峙（zhì）④，壁立千仞（rèn）⑤。"

注释

① 王公：王导，东晋时期政治家。

② 太尉：王衍，西晋末年重臣。

③ 岩岩：高大、威严的样子。

④ 清峙：清峻地耸立。

⑤ 千仞：形容极高。仞：古代计量单位，一仞约 1.8 米。

译文

王导品评太尉王衍："他高高地耸立，像千仞石壁一样屹立着。"

考试重点字词

（1）目：品评。　　　　（2）峙：（山峰）耸立。

（3）壁：石壁。　　　　（4）立：屹立。

成语

壁立千仞：意思是指（山崖等）像石壁一样陡立。形容山峰高耸或大浪冲天的样子。也形容人刚毅威严，清正廉洁。

点评

王导用巍然屹立的千仞崖壁，比喻王衍高俊秀拔、刚毅威严的风貌。

四

卞（biàn）令①目叔向②："朗朗如百间屋。"

注释

① 卞令：卞壶（kǔn），字望之，曾任尚书令。

② 叔向：疑指卞壶之叔卞向，但无从考证。

译文

尚书令卞壸评论叔向说："他气度宏大，好像有上百个敞亮房间的大屋。"

考试重点字词

（1）目：品评。　　（2）**朗朗**：气度宏大。　　（3）如：像。

点评

卞壸用上百个敞亮的房间比喻叔向的胸怀气度，精辟巧妙。

五

刘万安①即道真②从子，庾公③所谓"灼然④玉举⑤"。又云："千人亦见（xiàn）⑥，百人亦见。"

注释

① 刘万安：刘绥，字万安。

② 道真：刘宝，字道真。

③ 庾公：庾琮，字子躬。

④ 灼然：鲜明的样子。

⑤ 玉举：像玉一样挺立，比喻操守坚定。

⑥ 见：同"现"。

译文

刘万安就是刘道真的侄儿，是庾公所说的操守鲜明坚定的人物。还说："他在千人中也能显露出来，在百人中也能显露出来。"

考试重点字词

（1）即：就是。　　　　（2）谓：说。

（3）云：说。　　　　　（4）亦：也。

六

桓茂伦①云："褚（chǔ）季野②皮里阳秋③。"谓其裁中④也。

注释

① 桓茂伦：桓彝（yí），字茂伦。

② 褚季野：褚裒（póu），字季野。

③ 皮里阳秋：表面上不作评论，内心却有褒贬。原作"皮里春秋"，因避讳改"春"为"阳"。

④ 裁中：裁于中，内心有裁决。

译文

桓茂伦说："褚季野是皮里阳秋。"说的是他表面上不作评论但心中有裁决。

考试重点字词

（1）云：说。　　　（2）谓：说的是。　　　（3）其：他，代褚季野。

成语

皮里阳秋：指藏在心里不说出来的评论。

点评

褚季野是东晋时期的一位名士，此人性格比较沉稳。桓茂伦是东晋时期善于品评人物的一个人，他认为褚季野是一个内心有褒贬但是不说出来的人，所以他说褚季野"皮里阳秋"。

七

王长史①道江道群②："人可应有，乃不必有；人可应无，己必无。"

| 注 释 |

① 王长史：王濛。

② 江道群：江灌，字道群。

| 译 文 |

长史王濛评论江道群说："人们应该有的，他却不一定有；人们应该没有的，他一定没有。"

考试重点字词

（1）道：评论。　　（2）必：一定。　　（3）无：没有。

点评

我们每个人都有优点和缺点。优点可以帮助我们获得别人的认可和赞美，缺点却有可能给我们带来灾祸。江道群的优点未必突出，但他没有人性中的缺点，这一点非常难能可贵。

八

刘尹①每称王长史云："性至通②而自然有节③。"

| 注 释 |

① 刘尹：刘惔。

② 通：通达。

③ 节：节制。

译文

刘惔常常称赞长史王濛说："（他的）本性最为通达，而且自然有节制。"

考试重点字词

（1）每：时常。　（2）云：说。　（3）而：而且。

点评

据《晋书》记载，王濛待人谦虚宽厚，从不把自己的意愿强加于人，很少将喜怒显露在脸上，的确当得起刘惔"至通而自然有节"的称赞。

九

王长史云："刘尹知我，胜我自知。"①

注释

① "王长史"句：据《晋书·王濛传》载，王濛和刘惔交好，"惔常称濛性至通，而自然有节"，王濛就说了这句话。

译文

王濛说："刘惔了解我，胜过我对自己的了解。"

考试重点字词

（1）云：说。　（2）知：了解。　（3）胜：胜过。

点评

王濛用一句话说出了刘惔与自己的知音之交。

品藻第九

题解

　　品藻指评论人物高下。多是就两个人对比而论，指出各有所长，部分条目也会点出高下之别。有时也会只就一个人的不同情况而论，实际是不同方面的对比。品评者大多避免排斥、指责别人，都是善意的。所对比的两人多是同时代的，个别也会用古今对比。评论的内容也很广泛，涉及了士族阶层所讲究的各个方面。

　　原文共八十八则，本书选其中七则。

一

　　汝南陈仲举、颍（yǐng）川李元礼二人，共论其功德，不能定先后。蔡伯喈（jiē）[①]评之曰："陈仲举强于犯上，李元礼严于摄[②]下，犯上难，摄下易。"仲举遂在"三君"之下，元礼居"八俊"之上[③]。

注释

① 蔡伯喈：蔡邕（yōng），东汉文学家。

② 摄：管辖。

③ "仲举"句：陈仲举（陈蕃）和李元礼（李膺）都是东汉人，地位影响不相上下。当时一些人士评定前人，给予各种称号。上等的有三人，叫"三君"，即窦武、刘淑、陈蕃三个为当时所崇敬的人，次一等的有八人，叫"八俊"，即李膺、荀绲、杜楷等八个才能出众的人。所谓君，指对才德出众者的尊称；所谓俊，指才智杰出之士。

| 译文 |

（对于）汝南郡陈仲举、颍川郡李元礼两人，（人们）一起谈论他们的成就和德行，不能确定其高下。蔡伯喈评论他们说："陈仲举敢于冒犯上司，李元礼严于管束下属。冒犯上司难，管束下属容易。"于是陈仲举的名次就排在"三君"的末位，李元礼排在"八俊"的首位。

| 考试重点字词 |

（1）其：他们的。　　（2）遂：于是。　　（3）居：在。

| 点评 |

汝南郡陈仲举、颍川郡李元礼两人都是当时的杰出人物。陈仲举敢于冒犯上司，义正词严，不畏权贵；李元礼严于整饬下属，心思细腻，具有领导的威严。

二

诸葛瑾、弟亮及从弟诞，并有盛名，各在一国①。于时以为蜀得其龙，吴得其虎，魏得其狗②。诞在魏，与夏侯玄齐名；瑾在吴，吴朝服其弘量。

| 注释 |

① "诸葛"句：三国时，诸葛瑾在吴国，任大将军兼豫州牧；诸葛亮在蜀国，任丞相；诸葛诞在魏国，任征东大将军，并被加封为司空。三人名望都很大。
② "于时"句：龙、虎、狗，只是表明才智、品德等级的不同，虎低于龙，狗低于虎，不含贬低之义。

| 译文 |

诸葛瑾、弟弟诸葛亮以及堂弟诸葛诞，都有很大的名望，各在一个国家任职。当时，人们认为蜀国得到了其中的龙，吴国得到了其中的虎，魏国得到了其中的狗。诸葛诞在魏国，和夏侯玄齐名；诸葛瑾在吴国，吴国朝廷都佩服他宏大的器量。

考试重点字词

（1）**从弟**：堂弟。　　（2）**并**：同时，一齐。

（3）**于**：在。　　（4）**其**：其中的。

点评

　　诸葛瑾和弟弟诸葛亮以及堂弟诸葛诞，分别在吴、蜀、魏三个国家，都有很高的名望。他们或充满智慧，或英勇善战，或器量宏大，受到当时人们的敬佩。

三

　　卞望之①云："郗公②体中有三反：方于事上，好下佞（nìng）己，一反；治身③清贞④，大修计校（jiào）⑤，二反；自好读书，憎人学问，三反。"

注释

① 卞望之：卞壸（kǔn），字望之。东晋时期名臣、书法家。

② 郗公：郗鉴。

③ 治身：修身，加强身心修养。

④ 清贞：清廉，有节操。

⑤ 计校：计较，计算。这里指对财物斤斤计较。

译文

　　卞望之说："郗公身上有三件相互矛盾的事：侍奉君主很正直，却喜欢下级奉承自己，这是第一件矛盾的事；很注意加强自身清廉节操方面的修养，却非常喜欢计较财物得失，这是第二件矛盾的事；自己喜欢读书，却讨厌别人做学问，这是第三件矛盾的事。"

考试重点字词

（1）**反**：这里指矛盾。　　（2）**方**：正直。

（3）**于**：对于。　　（4）**佞**：奉承，诂媚。　　（5）**大**：非常。

（6）**好**：喜欢。　　（7）**憎**：厌恶。

点评

从卞望之这个评价来看，郗公此人不是矛盾，而是利益使然；忠诚君主是讨好，自身廉洁是求名，厌恶别人读书是怕竞争。这是个精明之人，但免不了世俗。

四

有人问谢安石①、王坦之优劣于桓公。桓公停②欲言，中悔，曰："卿喜传人语，不能复语卿。"

注释

① 谢安石：谢安。
② 停：正，副词。

译文

有人向桓温问起谢安石和王坦之两人的优劣。桓温正想要说，中途就后悔了，说："你喜欢传别人的话，我不能再对你说了。"

考试重点字词

（1）于：向。　　　　（2）欲：想要。

（3）言：说。　　　　（4）复：再，又。

点评

桓温之所以想说又停止，是因为他知道对方是一个喜欢传话的人，如果自己对他说些什么，一定会传得人尽皆知。这件事表现出了桓温的谨慎。

五

庾道季云："廉颇、蔺（lìn）相如①虽千载上死人，懔（lǐn）懔②恒如有生气；曹蜍（chú）、李志③虽见（xiàn）在④，厌（yān）厌（yān）⑤如九泉下人。人皆如此，便可结绳而治⑥，但恐狐狸猯(tuān)⑦貉(hé)⑧啖尽。"

注释

① 廉颇、蔺相如：战国时代赵国人。蔺相如完璧归赵，拜为上卿，位在廉颇上。廉颇本为大将，不服，想羞侮蔺相如，最后受感动而负荆请罪，与蔺相如成为至交。

② 懔懔：同"凛凛"，让人敬畏的样子。

③ 曹蜍、李志：两人憨厚而缺乏才智，做官而功业不显。

④ 见在：现在还活着。

⑤ 厌厌：精神不振的样子。

⑥ 结绳而治：远古时代没有文字，用结绳记事的方法来处理政事，这里指上古时代民风淳朴，容易治理。

⑦ 猯（tuān）：指猪獾，是一种哺乳动物。

⑧ 貉（hé）：同"貉"，一种哺乳动物，外形像狐。

译文

庾道季说："廉颇和蔺相如虽然是死了千年的古人，可他们的凛然正气却让人觉得他们一直活着。曹蜍、李志虽然现在还活着，却精神萎靡像坟墓里的死人一样。如果人人都像曹、李那样，就不如回到结绳而治的远古时代去，只是恐怕野兽会把人都吃光。"

考试重点字词

（1）载：年。	（2）如：像。	（3）虽：虽然。
（4）见：通"现"，现在。		（5）此：这样。
（6）但：只是。	（7）啖：吃。	（8）尽：完。

六

谢公语（yù）孝伯①："君祖②比刘尹，故为得逮。"孝伯云："刘尹非不能逮，直不逮③。"

注 释

① 孝伯：王恭，字孝伯。

② 君祖：指王孝伯祖父王濛。

③ "刘尹"句：据《晋书》记载，王濛和刘惔两人齐名，而且很友善，王孝伯又"慕刘惔之为人"。但是在这里，王孝伯实际是说他祖父胜过刘惔。

译 文

谢安对王孝伯说："您的祖父和刘尹比起来，确实是赶得上的。"王孝伯说："刘尹那样的人并不是难以赶上，只是我祖父不想赶。"

考试重点字词

（1）语：对……说。　（2）故：自然，确实。　（3）为：是。

（4）逮：及，赶得上。　（5）直：只是。

点评

王濛和刘惔当时齐名，两人关系也不错，所以孙子王孝伯说自己的爷爷不会去特意比较。

七

桓玄问刘太常①曰：“我何如谢太傅？”刘答曰：“公高，太傅深。”又曰："何如贤舅子敬？"答曰：“楂梨橘柚，各有其美②。”

注 释

① 刘太常：刘瑾，字仲璋，历任尚书、太常卿。他母亲是王羲之的女儿、王子敬（王献之）的姐妹。

② “楂梨”句：指几种水果味道不同，却都很可口，借指两人各有各的长处。楂：山楂。柚：柚子。

译 文

桓玄问太常刘瑾："我和谢太傅相比，怎么样？"刘瑾回答说："您高远，太傅深沉。"桓玄又问："比起令舅子敬来怎么样？"刘瑾回答说："山楂、梨、橘子、柚子，各有各的美味。"

考试重点字词

（1）何：怎么样。　　（2）如：和……比。

点评

魏晋人才辈出，每个人身上都有不同的美好品质，没有高低优劣之分，都是值得赞许的。

规箴第十

题解

规箴（zhēn）指规劝告诫。本篇记述的多是规劝君主或尊长接受意见、改正错误的故事，少数记载的是同辈或夫妇之间的劝导，涉及的内容多是为政治国之道、待人处事之方等。从中可以看到不少直言敢谏的事例，这是有教育意义的。有一些谏诤锋芒外露，无所顾忌；有一些却是和风细雨，含而不露；还有一些是以古喻今，希望达到以古为训的目的，或者借用他人他物含蓄劝诚，以增强说服力。从本篇中可以看到古人的一些规箴艺术。

原文共二十七则，本书选其中五则。

汉武帝乳母尝于外犯事，帝欲申宪（xiàn）①。乳母求救东方朔（shuò）②。朔曰："此非唇舌所争，尔必望济者，将去时，但当屡顾帝，慎（shèn）勿言，此或可万一冀（jì）耳。"乳母既至，朔亦侍（shì）侧，因谓曰："汝痴耳！帝岂复忆汝乳哺时恩邪？"帝虽才雄心忍③，亦深有情恋，乃凄然④愍（mǐn）⑤之，即敕（chì）免罪。

注释

① "汉武帝"句：汉武帝的奶妈曾经在外面犯了罪，官司奏请把奶妈流放到边远地区，武帝批准了。申宪：申明法令，指执行法令，依法惩办。

② 东方朔：西汉平原郡厌次县（今山东惠民东）人，曾任太中大夫，为人诙谐机智，很受汉武帝器重。

③ 心忍：心狠。

④ 凄然：形容悲伤。

⑤ 愍：通"悯"，怜悯。

译文

汉武帝奶妈曾经在外面犯了罪，武帝想要依法惩办。奶妈去向东方朔求救，东方朔说："这不是靠唇舌能争得来的事，你想一定要把事办成的话，临走时，只可连连回望皇帝，千万不要说话，这样也许能有一线生机。"奶妈进来辞行时，东方朔也陪侍在皇帝身边，于是就对奶妈说："你真傻呀！皇上难道还会想起你喂奶时的恩情吗？"武帝虽然才智杰出，心肠刚硬，也（对乳母）有深切的依恋之情，就悲伤地怜悯起奶妈来，立刻下令免了她的罪。

考试重点字词

（1）尝：曾经。　　（2）欲：想要。　　（3）济：成功。

（4）去：离开。　　（5）但：只是。

（6）屡顾：多次回头看。屡，屡次，多次。顾，回头看。

（7）冀：希望。　　（8）既：已经。

（9）因谓：于是对……说。　　（10）乃：于是，就。

点评

东方朔根据武帝的性格特点，从武帝与乳母之间的关系入手，让乳母"但当屡顾帝，慎勿言"，再加以言语，动之以情，最终使武帝赦免了奶妈，可以看出东方朔足智多谋，善于规劝。

二

晋武帝既不悟太子之愚，必有传后意①，诸（zhū）名臣亦多献直言。帝尝在陵云台上坐，卫瓘（guàn）在侧，欲申其怀，因如醉，跪帝前，以手抚床曰："此坐可惜②！"帝虽悟，因笑曰："公醉邪？"

注释

① "晋武帝"句：武帝司马炎即位初年，立第二子司马衷为皇太子。太子当时九岁，没有才智，又不肯学习，朝廷百官认为他不能亲理政事，所以太子少傅卫瓘总想奏请废太子。后来武帝拿尚书省的政务令太子处理，太子不知该怎样回答，太子妃贾氏请人代作答，呈送武帝，武帝看了很高兴，废立的事便作罢。

② 此坐可惜：指让太子登上此座，是值得惋惜的事情。

译文

晋武帝既然对太子的愚蠢没有醒悟，就必然有把帝位传给他的意思，众位名臣也多直言强谏。武帝曾在陵云台上坐着，卫瓘陪侍在旁，想趁机申述自己的心意，于是就像喝醉酒似的跪在武帝面前，用手拍着武帝的坐榻说："这个座位可惜呀！"武帝虽然明白（他的用意），还是笑着说："您喝醉了吗？"

考试重点字词

（1）悟：明白。　　　　　（2）后：古代对君主的称谓，这里指皇位。

（3）尝：曾经。　　　　　（4）欲：想要。

（5）因：于是，就。　　　（6）虽：虽然。

点评

司马衷是历史上出了名的白痴皇帝，晋武帝却想把皇位传给这么一个痴儿，难怪卫瓘会说"此坐可惜"。可司马衷还是当了皇帝，引起了"八王之乱"，最终导致西晋灭亡。

三

王右军与王敬仁、许玄度并善，二人亡后，右军为论议更克①。孔岩诫（jiè）之曰："明府昔与王、许周旋（xuán）有情，及逝没之后，无惊终之好，民所不取。"② 右军甚愧。

注 释

① 克：通"刻"，苛刻。

② "孔岩"句：孔岩（《晋书》作孔严）是会稽郡山
阴县（今浙江绍兴市）人。王羲之曾任右军将军、
会稽内史，是孔岩家乡的长官，所以孔岩尊称王
羲之为明府，自称为民。慎终：尊重并正确地对
待去世的人。

译 文

　　右军将军王羲之和王敬仁、许玄度两人都交好，两人死后，王羲之（对他们）的评论却
更加苛刻。孔岩劝诫他说："您以前和王、许交往，很有情谊，到（他们）逝世之后，（您）
却不能做到尊重并正确地对待死去的人，这是我不赞成的。"王羲之听了非常惭愧。

考试重点字词

（1）善：友好。　　　（2）亡：去世。　　　（3）诫：警告，劝告。

（4）周旋：交往，交际。　　　（5）及：等到。

点评

　　王羲之固然潇洒有才，但一向高傲惯了，很多时候非常自以为是，说话刻
薄，常被当时的人们认为心胸狭窄。

四

　　远公①在庐山中，虽老，讲论不辍。弟子中或有堕②者，远公曰："桑榆
之光③，理无远照，但愿朝阳之晖（huī）④，与时并明耳。"执（zhí）经登坐，
讽（fěng）诵朗畅，词色⑤甚苦⑥。高足之徒，皆肃然增敬。

注释

① 远公：慧远大师，东晋时名僧，雁门楼烦（今山西宁武）人。

② 堕：通"惰"，懒惰。

③ 桑榆之光：照在桑树、榆树梢上的落日余晖，比喻老年时光。

④ 朝阳之晖：比喻年少时光。

⑤ 词色：同"辞色"，言辞和神色。

⑥ 苦：指恳切。

译文

慧远住在庐山里，虽然年老了，还不断地宣讲佛经。弟子中有人懒惰，慧远就说："我像傍晚的落日余晖，按理说不会照得久远了，但愿你们像早晨的阳光，能随着时间的推移越来越明亮。"（他）手执佛经，登上讲坛，背诵经文的声音响亮而流畅，言辞神态非常恳切。优秀的弟子，都对他更加肃然起敬。

考试重点字词

（1）辍：停止。　　（2）或：有的，有人。　　（3）理：按理说，应当。

（4）与时并明：随着时间一同放出光辉。　　（5）坐：通"座"，座位。

（6）讽：背诵。　　（7）高足：高足弟子，门徒中品学优秀的人。

点评

远公以朝阳与夕晖比喻人的青年及老年，极具启发意义。它能激励青年人振奋精神，珍惜现在，切莫蹉跎时光；也表现出老年人对晚辈的殷切期望。

五

王绪、王国宝相为唇齿，并上下权要①。王大②不平其如此，乃谓绪曰："汝为此欻（xū）欻③，曾（zēng）不虑狱吏（lì）之为贵乎④？"

注 释

① "王绪"句：晋孝武帝、安帝时，会稽王司马道子辅政，信任王国宝、王绪两堂兄弟。安帝即位后，兖州刺史王恭等憎恨这两人扰乱朝政，起兵声讨。会稽王为了平息各州的不满，便杀了王绪，把王国宝交付廷尉治罪并赐死。唇齿：比喻有共同利害的双方互相依靠。上下：指弄权。

② 王大：王忱，字元达，是中书令王坦之的儿子，左仆射王国宝的弟弟。

③ 欻欻：忽然，这里指轻举妄动。

④ "曾不"句：这是王忱借用汉代周勃的故事来警告王绪。周勃被免丞相职后回到封国去，有人告他谋反，汉文帝把他交给廷尉问罪，使他遭到狱吏的凌辱。周勃出狱后说："吾尝将百万军，然安知狱吏之贵乎！"这里借用这句话来警告王绪，如不悔改，将来也会被下狱治罪的。

译 文

王绪和王国宝互相勾结，一起玩弄权势。王忱对他们的所作所为愤愤不平，就对王绪说："你们这样轻举妄动，竟然没有担忧终有一天会体会到狱吏的尊贵吗？"

考试重点字词

（1）并：一起。

（2）乃：于是，就。

（3）曾：副词，用来加强语气，常与"不"连用，可译为"竟然"。

（4）虑：担忧。

点评

王忱的意思是说他们以后很可能会有牢狱之灾，警告他们不要倚仗权势，胡作非为。

捷悟第十一

题解

捷悟指迅速领悟。突然遇到一件意外的事，在常人尚未理解之时，能根据人或事物的特点、出现环境、当时的诸多条件等来综合分析，做出判断，这就是捷悟。面对突然出现的危险情况，一些人可能被吓得不知所措，而机智的人会迅速适应环境并思考化险为夷的办法。

原文共七则，本书选其中四则。

一

杨德祖①为魏武主簿，时作相国②门，始构榱（cuī）桷（jué）③，魏武自出看，使人题门作"活"字，便去。杨见，即令坏之。既竟，曰："'门中''活'，'阔'字，王④正嫌门大也。"

注释

① 杨德祖：杨修，字德祖，曹操任丞相时调他任主簿，有才学，有悟性。后来被曹操杀害。
② 相国：指丞相。汉代有时设相国，有时设丞相。这里指相国府。
③ 榱桷：椽子。
④ 王：指魏王曹操。

译文

杨德祖任魏武帝曹操的主簿，当时正在建相国府的大门，刚架起椽子，曹操亲自出来察看，叫人在门上写了一个"活"字，就离开了。杨德祖看见了，立刻命人把门拆了。拆完后，说："'门'里加个'活'字，是'阔'字，魏王正是嫌门大了。"

考试重点字词

（1）**去**：离开。　　（2）**即**：立刻。　　（3）**竟**：完。

点评

曹操为人多疑，心思难测，而杨修总是能够揣摩出他的用意，类似的故事还有很多。可惜最终杨修的聪明反而为他引来了杀身之祸，只能说伴君如伴虎。

二

人饷（xiǎng）①魏武一杯酪（lào），魏武啖（dàn）少许，盖头②上题"合"字以示众。众莫能解。次至杨修，修便啖曰："公教人啖一口③也，复何疑？"

| 注 释 |

① 饷：送。

② 盖头：覆盖用的丝麻织品，此处指覆盖奶酪用的织物。

③ 教人啖一口："合"字拆开，就是"人""一""口"三字，意为一人吃一口。

| 译 文 |

有人送给魏武帝曹操一杯奶酪，曹操吃了一点点，就在盖头上写了一个"合"字给大家看。大家没有人能看懂是什么意思。按次序轮到杨修，杨修便吃了一口说："曹公让每人吃一口，还犹豫什么？"

考试重点字词

（1）**啖**：吃。　　（2）**以**：用来。　　（3）**莫**：没有人。

（4）**次**：按次序。　　（5）**教**：让。　　（6）**复**：又，还。

（7）**何**：什么。　　（8）**疑**：犹豫。

> **点评**
>
> 　　此篇跟上篇类似，都是解字谜的把戏。"合"就是"人""一""口"，杨修很快就懂得了曹操的意思。曹操就不能把话说明白？也许是曹操惯于玩这种文字游戏。

三

　　魏武尝过曹娥碑[1]下，杨修从。碑背上见题作"黄绢幼妇，外孙齑（jī）白（jiù）"[2]八字，魏武谓修曰："解不（fǒu）[3]？"答曰："解。"魏武曰："卿未可言，待我思之。"行三十里，魏武乃曰："吾已得。"令修别记所知。修曰："黄绢，色丝也，于字为'绝'；幼妇，少女也，于字为'妙'；外孙，女子也，于字为'好'；齑白，受辛也，于字为'辞'[4]：所谓'绝妙好辞'也。"魏武亦记之，与修同，乃叹曰："我才不及卿，乃觉[5]三十里。"

> **注释**
>
> ① 曹娥碑：曹娥是东汉时代的一个孝女，父溺死，她为寻找父亲尸首而死，改葬时县令度尚给她立了碑，就是曹娥碑。
> ② 齑白：捣姜、蒜等的器具。
> ③ 不：通"否"。
> ④ 于字为'辞'："辞"的异体字是"辤"。
> ⑤ 觉：通"较"，相差，相距。

> **译文**
>
> 　　魏武帝曹操曾经从曹娥碑旁路过，杨修跟随着他。看见碑的背面写着"黄绢幼妇，外孙齑白"八个字，曹操对杨修说："懂吗？"（杨修）回答说："懂。"曹操说："你不要说出来，等我想一想。"走了三十里路，曹操才说："我已经想出来了。"（他）叫杨修把自己的理解另外记下来。杨修说："黄绢，是有颜色的丝，'色丝'合成'绝'字；幼妇，是少女的

意思，'少女'合成'妙'字；外孙，是女儿的儿子，'女子'合成'好'字；齑臼，是承受辛辣东西的器皿，'受辛'合成'辤（辞）'字：这就是'绝妙好辞'。"曹操也把自己的理解记下了，和杨修的一样，于是感叹道："我的才力赶不上你，竟然相差三十里。"

考试重点字词

（1）尝：曾经。　　（2）未：不。　　（3）乃：才。

（4）亦：也。　　（5）乃：竟然。

点评

这则故事又是解字谜，据说这个字谜原是蔡邕出的。《三国演义》中，杨修正是因为解了"鸡肋"之谜，才惹来曹操的杀意。

四

魏武征袁本初①，治装，余有数十斛（hú）竹片，咸长数寸。众云并不堪用，正令烧除。太祖②思所以用之，谓可为竹椑（pí）楯（dùn）③，而未显其言。驰使问主簿杨德祖，应声答之，与帝心同。众伏④其辩⑤悟。

注 释

① 袁本初：袁绍，字本初。（按：东汉末年，群雄并起，各据一方。汉献帝时，曹操为司空，独揽朝政；袁绍为大将军，统领冀州、幽州、青州、并州四地。两人互相攻伐，最大的一仗是官渡之战，公元200年，曹操大破袁绍于官渡。202年，袁绍死。）

② 太祖：曹操的庙号。

③ 竹椑楯：椭圆形的竹盾牌。

④ 伏：通"服"，佩服。

⑤ 辩：有口才。

译文

　　魏武帝曹操要讨伐袁绍，整治备办军队的装备，剩下几十斛竹片，都是几寸长的。大家说这全部不能用，正要叫人烧掉。曹操在想怎么利用这些竹片，认为可以用来做竹盾牌，但是没有把这话明白地说出来。（他）派人速去问主簿杨德祖，杨德祖随声就答复了来人，和曹操的心思一样。大家都佩服杨德祖善言而悟性又高。

考试重点字词

（1）治：整治，备办。　　（2）咸：全，都。

（3）而：表转折，但是。　　（4）驰：驱驰，派遣。

点评

　　杨德祖本身就是一个有才智的人，加上他对曹操的观察和了解，所以能对曹操的心思作出准确的判断。

夙惠第十二

题解

夙（sù）惠，同于"夙慧"，指从小就聪明过人，即早慧。本篇的几则事例说的都是少年儿童记忆、观察、推理、解释、表达等方面的能力，这些儿童往往年少时就表现出过人的智慧，而小时候的聪颖常常预示长大后能成为杰出人物。

原文共七则，本书选其中五则。

一

宾客诣（yì）陈太丘宿，太丘使元方、季方炊。客与太丘论议，二人进火，俱委而窃听，炊忘著箄（bì）①，饭落釜中。太丘问："炊何不馏（liù）②？"元方、季方长跪曰："大人与客语，乃俱窃听，炊忘著箄，饭今成糜（mǐ）。"太丘曰："尔颇有所识（zhì）不（fǒu）？"对曰："仿佛志之。"二子俱说，更③相易夺④，言无遗失。太丘曰："如此，但糜自可，何必饭也！"

注释

① 箄：通"算"，蒸食物用的竹屉（tì）。
② 馏：指先将米下水煮，再捞出来蒸熟。
③ 更：交替。
④ 易夺：改正补充。

译文

有位客人拜访陈太丘，住宿在他家，陈太丘就叫儿子元方和季方做饭。客人和陈太丘在一起谈论，元方兄弟两人烧上火后，一同放下手头的事去偷听，蒸饭时忘了放上竹算，饭都落到了锅里。陈太丘问（他们）："做饭为什么不捞出来蒸呢？"元方和季方直挺挺地跪

着说："大人和客人说话，我们两人就一起偷听，蒸饭时忘了放上竹算，现在饭煮成了粥。"陈太丘问："你们可稍微记住些什么吗？"（兄弟两人）回答说："大概记得。"兄弟俩一起说，互相穿插补正，一句话也没有漏掉。陈太丘说："既然这样，只吃粥也行，何必一定要吃饭呢！"

考试重点字词

（1）诣：拜访。　　　（2）宿：住宿。　　　（3）使：让。

（4）炊：做饭。　　　（5）委：丢开，舍弃。　（6）窃：偷偷地。

（7）著：放。　　　　（8）釜：锅。

（9）长跪：古代的一种礼节，指直身而跪。　（10）颇：稍微，略微。

（11）志：记住，记得。

点评

　　作为父亲的陈太丘在元方兄弟做错事时，没有指责，而是以提问谈话内容的方式来考验他们，宽容地原谅他们的过错。这种教育方法，让他们最终成为博学多才的人。元方和季方想从谈话中学习些知识，以致蒸饭成粥，反映了元方、季方好学、勤学的品质。

二

　　何晏七岁，明惠若神，魏武奇爱之[1]。因晏在宫内，欲以为子。晏乃画地令方，自处其中。人问其故，答曰："何氏之庐也。"魏武知之，即遣还。

注释

① "何晏"句：何晏的父亲死得早，曹操任司空时，娶了何晏的母亲，并收养了何晏。

译文

　　何晏七岁的时候，聪明过人如有神助，魏武帝曹操特别喜爱他。因为何晏长在宫里，（曹操）想认他做

儿子。何晏于是就在地上画了一个方框，自己站在里面。别人问他缘故，（他）回答说："这是何家的房子。"曹操知道了这件事，随即把他送回了何家。

考试重点字词

（1）惠：通"慧"，聪明。 　　（2）若：好像。

（3）奇：很，非常。 　　（4）之：代词，代何晏。

（5）欲：想要。 　　（6）乃：于是，就。

（7）令：使。 　　（8）故：原因。

（9）庐：（简陋的）房屋。

点评

何晏以画地自处的方法表明自己不愿改姓的态度，表现出聪慧的品质。曹操既爱此子，不忍强迫他，故将他放还，表现出魏武帝曹操的通情达理。

三

晋明帝数岁，坐元帝膝上①。有人从长安来，元帝问洛下消息，潸（shān）然流涕。明帝问何以致泣，具以东渡意告之②。因问明帝："汝意谓长安何如日远？"答曰："日远。不闻人从日边来，居然可知。"元帝异之。明日，集群臣宴会，告以此意，更重问之。乃答曰："日近。"元帝失色曰："尔何故异昨日之言邪？"答曰："举目见日，不见长安。"

注释

① "晋明帝"句：晋元帝司马睿原为安东将军，镇守建康（今江苏南京）。后来京都洛阳失守，怀帝被俘到平阳（今山西省临汾市），不久，长安也失守。晋愍帝死后，司马睿才即帝位。其长子司马绍后继位为明帝。

② "具以"句：晋元帝为琅琊王时，住在洛阳。他的好友王导知天下将要大乱，就劝他回到自己的封国，后来又劝他镇守建康，意欲让他经营一个复兴帝室的基地。这就是所谓"东渡意"。

译文

晋明帝才几岁的时候，有一次坐在元帝膝上。当时有人从长安来，元帝问起洛阳的情况，不觉伤心流泪。明帝问父亲为什么哭泣，（元帝）就把东渡的意图一五一十地告诉他。于是（元帝）问明帝："你觉得长安和太阳相比，哪个远？"明帝回答说："太阳远。没听说过有人从太阳那边来，显然可知。"元帝对他的回答感到惊奇。第二天，（元帝）召集群臣宴饮，就把明帝昨天的意思告诉大家，又重问明帝。明帝竟回答说："太阳近。"元帝惊愕失色，说："你为什么和昨天说的不一样呢？"（明帝）回答说："抬起头张开眼就能看见太阳，可是看不见长安。"

考试重点字词

（1）**何以**：为什么。　　（2）**具**：通"俱"，全，都，尽。

（3）**因**：于是。　　（4）**汝**：你。　　（5）**异**：惊奇，惊讶。

（6）**更**：再，又。　　（7）**尔**：你。　　（8）**举**：抬起，举起。

点评

年幼的晋明帝以"日"为出发点，对同一问题从不同角度思考，是一个明白事理、聪明机智的孩子。

四

司空顾和与时贤共清言。张玄之、顾敷是中外孙，年并七岁，在床边戏。于时闻语，神情如不相属（zhǔ）①。暝（míng）于灯下，二儿共叙客主之言，都无遗失。顾公越席而提其耳曰："不意衰宗②复生此宝。"

注释

① 属：依附，集中。这里指关注。

② 衰宗：对自己家族的谦称。

译文

　　司空顾和与当代贤达在一起清谈。张玄之和顾敷是他的外孙和孙子，年龄都是七岁，在坐榻旁玩耍。当时听大人们谈论，（他们的）神情好像漠不关心。（后来顾和）在灯下闭目养神，两个孩子一起复述主客双方的对话，一句也没有漏掉。顾和离开座位，提提他们的耳朵说："想不到我们这个衰落的家族还生下你们这样的宝贝。"

考试重点字词

（1）并：都。　　（2）戏：玩耍。　　（3）瞑：闭（眼睛）。
（4）叙：叙说，陈述。　（5）越：越过，这里指离开。

点评

　　在司空顾和同当代贤达在一起清谈时，张玄之和顾敷看起来漠不关心，实则对谈话内容铭记于心。可见张玄之和顾敷年少聪慧，记忆力超群。

五

　　晋孝武①年十二，时冬天，昼日不著复衣，但著单练衫②五六重，夜则累茵褥③。谢公谏曰："圣体宜令有常。陛下昼过冷，夜过热，恐非摄养④之术。"帝曰："昼动夜静⑤。"谢公出叹曰："上理不减先帝⑥。"

注释

① 晋孝武：孝武帝司马曜，简文帝的儿子。
② 单练衫：单层白绢上衣。

③ 茵褥：褥子。

④ 摄养：调理保养。

⑤ 昼动夜静：《老子》第四十五章"躁胜寒，静胜热"，意思是说"运动可以驱除寒冷，安静可以战胜炎热"。

⑥ 先帝：已经去世的皇帝，这里指简文帝。（按：简文帝擅长谈玄理。）

译文

晋孝武帝十二岁那年，时值冬天，他白天不穿夹衣，只穿五六件白绢做的单衣，夜里却铺着几床褥子。谢安规劝他说："圣上应该让自己的贵体保持规律。陛下白天太冷，夜里太热，这恐怕不是调理保养的办法。"孝武帝说："白天活动着就不觉得冷，夜里静卧就不会热。"谢安出来后，赞叹说："皇上谈论玄理不比先帝差。"

考试重点字词

（1）时：当时，时值。　（2）著：穿。

（3）累：堆叠，堆积，重叠。　（4）谏：规劝，劝谏。

（5）恐：恐怕，大概会，表示推测。

点评

孝武帝从辩证的角度看待冷热，驳斥了谢安的规劝。文章为我们刻画出了一个能言善辩的帝王形象。

豪爽第十三

题解

豪爽指豪放直爽。魏晋时代，士族阶层讲究豪爽的风姿气度，他们待人处事喜欢表现出一种宏大的气魄，直截了当，无所顾忌。他们或者一往无前，出入于数万敌兵之中，威震敌胆；或者有所动作，大刀阔斧，气势磅礴；或者有所触而长吟，意气风发，旁若无人；或者纵论古今，豪情满怀，慷慨激昂；或者声讨乱臣贼子，正言厉色，痛快淋漓；或者随兴会之所至，想干什么就干什么，无所拘束。这些都是性格豪放的表现。

原文共十三则，本书选其中五则。

王大将军年少时，旧有田舍名，语音亦楚①。武帝唤时贤共言伎艺②事，人皆多有所知，唯王都无所关，意色殊恶。自言知打鼓吹③，帝令取鼓与之。于坐振袖而起，扬槌（chuí）奋击，音节谐捷，神气豪上，傍若无人，举坐叹其雄爽。

注释

① "王大将军"句：王大将军指王敦。王敦是琅邪临沂（今山东省临沂市）人。"语音亦楚"，指口音不同于中原的标准语音。

② 伎艺：技艺，这里指歌舞。

③ 鼓吹：指鼓、箫等乐器合奏。

译文

大将军王敦年轻时，向来有乡巴佬的名声，说话的口音也很重。晋武帝召来当时的名流一起谈论歌舞方面的事，别人大多都懂得一些，只有王敦一点也不关心这些事，无话可说，神态、脸色都很不好。他自称懂得打鼓，武帝叫人拿鼓给他。他马上从座位上振臂站起，扬起鼓槌奋力地击打，鼓音急促和谐，气概豪迈向上，旁若无人，满座的人都赞叹他的雄壮豪爽。

考试重点字词

（1）亦：也。　（2）时：当时。　（3）皆：全，都。

（4）唯：只有。　（5）意：神态。　（6）殊：很，非常。

（7）恶：不好。　（8）与：给。　（9）之：代词，代指王敦。

（10）袖：借代，代指胳膊。　（11）捷：快速。

（12）傍：旁边。　（13）若：好像。　（14）举：全。

点评

大将军王敦年少的时候不在乎名士们对自己"乡野村夫"的嘲笑，毅然振袖击鼓，神采飞扬。文章表现出他雄壮豪爽的性格，也告诉我们"人不可貌相，海水不可斗量"的道理。

二

王大将军始欲下都处分①树置②，先遣参军告朝廷，讽旨③时贤。祖车骑④尚未镇寿春，瞋（chēn）目厉声语使人曰："卿语阿黑⑤，何敢不逊⑥！催摄⑦面⑧去，须臾（yú）不尔，我将三千兵槊（shuò）脚令上⑩。"王闻之而止。

注释

① 处分：处理。

② 树置：安排，安插，这里指安排朝廷官职。

③ 讽旨：指暗示自己的意图。

④ 祖车骑：祖逖，字士稚，死后被追赠车骑将军。

⑤ 阿黑：王敦小名。

⑥ 逊：谦恭。

⑦ 催摄：指快速。

⑧ 面，通"偭"，指背向，转面。

⑨ 槊：长矛，此处名词作动词用，指用长矛刺。

⑩ 上：指溯江而上。王敦镇守武昌，位于建康（今江苏南京）上游，这里指西上武昌。

译文

大将军王敦起初想东下到京城，处理朝臣，安插亲信，便先派参军去报告朝廷，并向当时的贤达暗示自己的意图。那时车骑将军祖逖还没有镇守寿春，（他）瞪起眼睛声色俱厉地告诉王敦的使者说："你去告诉阿黑，（他）怎么敢这样傲慢无礼！叫他快回去，如果不马上走，我要率领三千兵马用长矛刺他的脚赶他回去！"王敦听说后，就打消了念头。

考试重点字词

（1）始：起初。　（2）尚：还。　（3）瞋：瞪大。

（4）使人：使者。　（5）语：告诉。　（6）何：怎么。

（7）须臾：片刻。　（8）将：率领。　（9）闻：听说。

点评

王敦派遣使者向当时名流传达自己的意图，野心勃勃，被祖逖将军呵斥回去。文章表现出祖逖将军正言厉色、不惧权贵的高贵品质。

三

庾稚恭既常有中原之志，文康时，权重未在己①。及季坚作相，忌兵畏祸，与稚恭历同异者久之，乃果行②。倾荆、汉之力，穷舟车之势，师次于襄阳，大会参佐，陈其旌（jīng）甲，亲授弧矢（shǐ）曰："我之此行，若此射矣！"遂三起三叠③。徒众属（zhǔ）目④，其气十倍。

注释

① "庾稚恭"句：稚恭是庾翼的字，他想北伐入侵的外族，收复中原。晋成帝时，他哥哥庾亮升任江、荆、豫三州刺史，镇守武昌，后又为司空，遥执朝廷大权。当时庾翼任南蛮校尉、南郡太守，镇守江陵（今湖北省荆州市），权位不重。文康，庾亮的谥号。

② "及季坚"句：季坚，是庾冰的字，庾冰是庾亮的弟弟、庾翼的哥哥。王导死后，庾冰任中书监、扬州刺史、参录尚书事。庾亮死后，庾翼任都督六州诸军事、荆州刺史，代庾亮镇守武昌，这才掌握了兵权。晋康帝即位后，庾翼想率师北伐，庾冰和他心意相同，桓温等也赞成，但康帝和许多大臣都认为这件事很困难，且派人劝止进军。庾翼不从，违诏北行。这就是所谓"历同异"。但这里说季坚和稚恭历同异，在史书里没有反映。

③ 三起三叠：等同于三发三中。起，发射。叠，指击鼓。古时阅兵射箭中的则以击鼓为号。

④ 属目：同"瞩目"，注目。

译文

　　庾稚恭早就有收复中原的志向，可是他哥哥庾亮当政时，大权不在自己手里。等到庾季坚做丞相时，（由于）害怕兵祸，和稚恭经过了长时间的不同意见的争论，才决定出兵北伐。庾稚恭出动荆州、汉水一带的全部力量，调集了所有的车船，率领军队驻扎到襄阳，召集所有下属开会，摆开军队的阵势，亲自拿起弓箭，说："我这一次出征，（结果如何，）就像这次射箭一样！"于是三发三中。士兵们全神贯注地看着，大为振奋，士气顿时增长了十倍。

考试重点字词

（1）**常**：通"尝"，曾经。

（2）**及**：等到。

（3）**忌**：害怕。

（4）**乃**：才。

（5）**穷**：尽，全部。

（6）**师**：军队。

（7）**次**：驻扎。

（8）**于**：在。

（9）**陈**：摆开。

（10）**旌甲**：阵势。

（11）**弧矢**：弓箭。

（12）**之**：无实意，用来取消句子的独立性。

（13）**遂**：于是。

> **点评**
>
> 　　庾稚恭年少时就有收复中原的志向，等到时机成熟便率领军队，驻扎襄阳，意气风发。文段体现出他志存高远、豪情满怀的豪爽性格。

四

　　桓石虔（qián），司空豁[1]之长庶[2]也，小字镇恶。年十七八，未被举[3]，而童隶已呼为镇恶郎[4]。尝住宣武斋头[5]。从征枋头，车骑冲没陈（zhèn），左右莫能先救[6]。宣武谓曰："汝叔落贼，汝知不？"石虔闻之，气甚奋。命朱辟为副，策马于数万众中，莫有抗者，径致冲还，三军叹服。河朔[7]后以其名断疟（nüè）[8]。

| 注 释 |

[1] 司空豁：桓豁，是桓温的弟弟，曾任征西大将军，死后赠司空。

[2] 长庶：妾所生的长子。

[3] 举：立，指正式承认庶出子女的身份地位。

[4] 郎：一种尊称。

[5] 斋头：书房。

[6] "从征"句：晋海西公太和四年（公元369年），桓温率领他弟弟桓冲等北伐燕国，一直打到枋头（属今河南省）。后粮尽退兵，被燕将乘机迫击，大败。车骑冲：桓冲，跟随桓温出征时是振威将军、江州刺史。桓温死后，他才改任车骑将军、徐州刺史。陈：通"阵"，战斗队列。

[7] 河朔：黄河以北。

[8] 断疟：指消除疟疾，使病痊愈。古时人们曾以为疟疾是疟鬼作祟。由于桓石虔声威大震，当时的人以为对患疟疾的人大喊"桓石虔来"，就能把疟鬼吓跑，就会除病。

| 译文 |

　　桓石虔是司空桓豁的庶出长子，小名叫镇恶。十七八岁了，身份地位还没有得到承认，而奴仆们已经称呼他为镇恶郎了。他曾住在桓温的书房中。后来跟随桓温出征到枋头，（在一次战斗中，）车骑将军桓冲陷入敌阵，他手下的人都没能抢先去救他。桓温对（石虔）说："你叔父落入敌人阵里，你知道吗？"石虔听了，气势非常振奋。他命令朱辟做副手，跃马扬鞭冲入几万敌军的重围中，没有人能抵挡他，他径直把桓冲救了回来，全军都十分称赞佩服。后来黄河以北的（居民）就用他的名字来驱赶疟鬼。

| 考试重点字词 |

（1）之：的。　（2）尝：曾经。　（3）没：陷入。
（4）莫：没有人。　（5）汝：第二人称，你。　（6）甚：更加。
（7）致：到，到达。　（8）朔：北方。　（9）以：用。

| 点评 |

　　桓石虔在家中是庶出的长子，身份一直没有被认可。但是在一次战斗中，自己的叔父陷入敌阵，桓石虔勇敢地将叔父从几万敌军中救出，展现出一个血气方刚、矫健勇敢的风姿不凡的少年形象。

五

　　桓玄西下，入石头，外白司马梁王奔叛①。玄时事形②已济，在平乘③上筻（jiā）④鼓并作，直高咏云："箫管有遗音，梁王安在哉⑤？"

| 注释 |

①"桓玄"句：晋安帝元兴元年（公元402年）桓玄从江陵（今湖北省荆州市）出发，举兵东下，攻入建康（今江苏南京），自为丞相，杀会稽王司马道子。第二年又废晋安帝，自称皇帝。

桓玄入建康时，梁王司马珍之出逃到寿春（今安徽省淮南市寿县），桓玄败后，才返回朝廷。

② 事形：事态、局势。

③ 平乘：大船。

④ 笳：胡笳，类似笛子的乐器。

⑤ "箫管"两句：引自阮籍《咏怀》，这首诗是凭吊战国时魏国的古迹吹台的（吹台在今开封市）。两句大意是：箫管奏出的乐曲里还有魏国时的音调，可是魏王又在哪里呢？梁王：魏王。因魏都大梁，古称魏王为梁王。（按：桓玄在这里只是用了"梁王"的字面意义，借指梁王司马珍之。）

译文

桓玄（带兵）自西而下，攻入石头城，外面的人报告说司马梁王逃跑了。这时桓玄（认为）大局已定，在大船上吹笳击鼓，只是高声朗诵道："箫管奏出的乐曲里还有魏国时的音调，可是梁王到如今又在哪里呢？"

考试重点字词

（1）入：攻入。　　　　（2）直：只。

（3）安：哪里。　　　　（4）哉：语气词，呢。

点评

桓玄攻入石头城，得知梁王逃跑以后，并没有派兵追杀，而是认为大势已定，气定神闲地鼓乐高歌。这表现出桓玄在获得重大胜利后藐视残敌的胜券在握心态。

容止第十四

题解

容止，指仪容举止。魏晋时期，士族阶层讲究仪容举止，这是魏晋风流的重要组成部分。有的篇目偏重讲仪容，例如俊秀、魁梧、白净、光彩照人；有的则偏重讲举止，例如庄重、悠闲。大多是从好的一面赞美，个别也讥弹貌丑。从中可以看出一些名士美慕隐逸、追求超然世外的举止风姿。

原文共三十九则，本书选其中八则。

魏武①将（jiāng）见匈奴使。自以形陋，不足雄②远国，使崔季珪（guī）③代，帝自捉刀立床头。既毕，令间谍问曰："魏王何如？"匈奴使答曰："魏王雅望非常，然床头捉刀人，此乃英雄也。"魏武闻之，追杀此使④。

注释

① 魏武：曹操。（按：下文的帝、魏王都是指曹操，因为他生前封魏王，谥（shì）号是武，曹丕称帝后，追尊他为武帝。）

② 雄：称雄，威慑。

③ 崔季珪：崔琰，字季珪，在曹操手下任职。他仪表堂堂，很威严。而据刘孝标注引《魏氏春秋》说，曹操却是"姿貌短小"。

④ "魏武"句：曹操认为匈奴使臣已经看破了他的野心和做法，所以把使臣杀了。（按：此说不大可信。）

译文

魏武帝曹操将要接见匈奴的使者。他自认为相貌丑陋，不足以在远方国家的使者面前称雄，便叫崔季珪代替，自己却握着刀站在床榻旁。接见后，（曹操）派密探去问（匈奴使者）说："魏王怎么样？"匈奴使者回答说："魏王的高雅的仪容风采非同一般，可是床榻旁握刀的人，这才是英雄啊。"曹操听说后，派人追杀了这位使者。

考试重点字词

（1）**将**：将要。　　　（2）**以**：认为。　　　（3）**代**：代替。

（4）**捉**：握，拿。　　（5）**既**：已经。　　　（6）**毕**：完毕。

（7）**曰**：说。　　　　（8）**非常**：非同一般。　（9）**然**：然而，可是。

（10）**乃**：才是。　　　（11）**闻**：听说，听到。

点评

这个故事讲的是曹操因匈奴使者才智过人而心生杀念，侧面表现了曹操非凡的气质和才能，也把他极度自私、猜疑和狠毒的个性特征深刻地揭示了出来。

二

时人目夏侯太初①"朗朗如日月之入怀"，李安国②"颓唐③如玉山④之将崩"。

注释

① 夏侯太初：夏侯玄，字太初。
② 李安国：李丰，字安国，三国魏时任中书令，后被司马师所杀。
③ 颓唐：指精神萎靡不振。
④ 玉山：玉石堆成的山，用来形容仪容美好。

译文

当时的人品评夏侯太初"光彩照人好像日月投入怀抱"，李安国"精神不振像玉山将要崩塌"。

（1）目：品评。　　　　（2）**朗朗**：明亮的样子。　　（3）如：像。

（4）之：助词，用于主谓之间取消句子独立性，不译。

点评

夏侯太初不仅容貌俊美，而且光明磊落，临刑也不变色，是个大丈夫，故而光彩照人；李安国总是在时局之中摇摆不定，为政治局势焦虑无比，故而萎靡不振。

三

潘岳①妙有姿容，好神情②。少时挟（xié）弹出洛阳道，妇人遇者，莫不连手共萦（yíng）③之。左太冲④绝丑，亦复效岳游遨，于是群妪（yù）齐共乱唾（tuò）之，委顿⑤而返。

注释

① 潘岳：即潘安，字安仁，西晋文学家。
② 神情：神态风度。
③ 萦：围绕。（按：《语林》说，潘岳外出，妇女们都抛果子给他，常常抛满一车。）
④ 左太冲：左思，字太冲（一作泰冲），西晋文学家。
⑤ 委顿：萎靡，精神不振。

译文

潘岳有美好的容貌和优雅的神态风度。年轻时夹着弹弓走在洛阳大街上，遇到他的妇女无不手拉手地一同围住他。左太冲长得非常难看，也效仿潘岳到处游逛，结果妇女们都向他乱吐唾沫，（他）萎靡不振地回去了。

（1）**妙**：美好。　　（2）**挟**：夹着。　　（3）**者**：……的人。

（4）**莫**：没有。　　（5）**之**：他，代潘岳。（6）**绝**：非常。

（7）**亦**：也。　　　（8）**效**：效仿。

（9）**妪**：年老的女人，此处泛指妇女。

（10）**唾**：吐唾沫。　（11）**返**：返回。

点评

　　潘岳是古代有名的美男子，"貌比潘安"这个成语说的就是他。看来从古到今，外表都是很重要的。左思才高八斗但容貌不佳，想效仿潘安最终却落了个东施效颦的笑柄。这启示我们一定要正确看待自己，扬长避短，以自己的优势征服他人。

四

　　骠（piào）骑王武子①是卫玠（jiè）之舅，俊爽有风姿。见玠，辄叹曰："珠玉在侧，觉我形秽（huì）！"

注释

① 王武子：王济，字武子，死后追赠骠骑将军。他的外甥卫玠，风采秀异，见者皆以为玉人。

译文

　　骠骑将军王武子是卫玠的舅舅，容貌俊秀，精神清爽，很有风度。他每见到卫玠，总是赞叹说："珠玉在身边，就觉得我自己形象丑陋了！"

（1）**之**：的。　　　（2）**辄**：总是。

（3）**叹**：赞叹。　　（4）**曰**：说。

成语

珠玉在侧：指在仪表、才德出众的人身旁，自惭形秽。也指别人诗文出色，自愧不如。

点评

王济才华横溢、风姿俊爽，但是当他和外甥卫玠在一起的时候，却仍然会自惭形秽。这足以说明卫玠的才华与容止都胜他一筹。

五

卫玠从豫章至下都①，人久闻其名，观者如堵墙②。玠先有羸（léi）疾，体不堪劳，遂成病而死。时人谓"看杀卫玠"。

注释

① 下都：指东晋都城建康（原名建邺，即今南京）。西晋旧都为洛阳，称上都，称新都为下都。（按：卫玠渡江后，先到豫章，后到建康）。
② 堵墙：墙壁。

译文

卫玠从豫章郡到京城时，人们早已听过他的名声，出来看他的人围得像一堵墙。卫玠本来就体弱多病，身体受不了这种劳累，于是病重而死。当时的人说是"看杀卫玠"。

考试重点字词

（1）至：到。　（2）闻：听到。　（3）其：他的。

（4）如：像。　（5）羸：衰弱。　（6）堪：经得住。

（7）遂：于是。　（8）谓：说。

成语

看杀卫玠：来源于《晋书·卫玠传》。魏晋时期，西晋美男子卫玠由于其风采夺人、相貌出众而经常被围观，最终病死，当时人们说其被看死。后来多指人姿容风度出众，为众人所仰慕。

点评

卫玠姿容俊秀，幼年时乘羊车经过街市，看到的人都称他为玉人。卫玠成年后，身体瘦弱多病，被人围观过于疲累，竟因此而亡。"看杀卫玠"是卫玠死亡的一种说法，当然这里是想突出作为古代四大美男子之一的卫玠无法阻挡的风采。

六

庾太尉①在武昌，秋夜气佳景清，使吏殷（yīn）浩、王胡之之徒登南楼理咏②。音调始遒（qiú）③，闻函道④中有屐（jī）声甚厉，定是庾公。俄而率左右十许人步来，诸贤欲起避之。公徐云："诸君少住，老子⑤于此处兴复不浅。"因便据胡床⑥与诸人咏谑（xuè）⑦，竟坐甚得任乐⑧。后王逸少下，与丞相言及此事。丞相曰："元规尔时风范不得不小颓⑨。"右军答曰："唯丘壑（hè）⑩独存。"

注释

① 庾太尉：庾亮，字元规。
② 理咏：调理音律，吟诵诗歌。
③ 遒：刚劲有力。
④ 函道：楼梯。
⑤ 老子：老人自称，相当于"老夫"。
⑥ 胡床：交椅，是椅腿交叉，能折叠的一种坐具，即马扎儿。
⑦ 谑（xuè）：开玩笑。
⑧ 任乐：尽情欢乐。

⑨ 颓：低落，减弱。

⑩ 丘壑：山水幽美的地方，是隐士所居之地，比喻深远的意境或高雅的情趣。

译文

太尉庾亮在武昌的时候，一天秋夜，天气凉爽，景色清幽，属官殷浩、王胡之一班人登上南楼调理音律，吟诵诗歌。音调开始高昂之时，听见楼梯上传来很重的木板鞋的声音，料定是庾亮。不久庾亮带着十来个随从走来，大家想起身回避，庾亮慢慢地说道："诸君暂且留步，老夫对这方面兴趣也不浅。"于是就坐在马扎儿上，和大家一起吟咏、谈笑，满座的人都能尽情欢乐。后来王逸少东下建康，和丞相王导谈到这件事，王导说："元规那时候的风度气派不得不说有些减弱了。"王逸少回答说："唯独高雅的情趣还保留着。"

考试重点字词

（1）始：起初，开始。　（2）闻：听到。　（3）甚：很。

（4）俄而：不久。　（5）欲：想要。　（6）避：回避。

（7）据：跨坐。　（8）竟：全。　（9）尔：那。

点评

当众人想回避庾亮时，他却拦住了大家，说自己对吟诗咏唱也很感兴趣，从而加入了大家，让原本可能因他而散的宴会不但没有散会，反而变得更加欢乐，表现了庾亮的亲切随和。

七

时人目王右军："飘如游云，矫若惊龙①。"

注释

① "飘如"句：按《晋书》载，这是在评论王羲之的书法笔势。

译文

当时的人品评右军将军王羲之："飘逸得如流动的浮云，矫健得像惊动的龙。"

考试重点字词

（1）目：品评。　　（2）飘：飘逸。　　（3）如：像。

（4）矫：矫健。　　（5）若：像。

点评

王羲之给人的印象是"飘如游云，矫若惊龙"。因为他的书法笔力强健，"天造神运，变化倏忽，莫可端倪"，后人誉之为"书圣"。

八

简文作相王①时，与谢公共诣（yì）桓宣武。王珣（xún）先在内，桓语（yù）王："卿尝欲见相王，可住帐里。"二客既去，桓谓王曰："定何如？"王曰："相王作辅②，自然湛（zhàn）③若神君④。公亦万夫之望⑤，不然，仆射（yè）⑥何得自没（mò）⑦？"

注释

① 相王：指晋简文帝，他未登帝位时，以会稽王身份任丞相，所以称相王。

② 辅：指辅佐大臣。

③ 湛：深沉。

④ 神君：神灵、神仙。

⑤ 万夫之望：为万人所敬仰的人。

⑥ 仆射（yè）：指谢安，曾任尚书仆射。

⑦ 自没：埋没自己。

译文

简文帝任丞相时，和谢安一起去拜访桓温。王珣已经先在桓温那里，桓温告诉王珣：

"你曾经想看看相王，可以躲在帷幔后面。"两位客人走了以后，桓温问王珣说："（相王）究竟怎么样？"王珣说："相王担任辅佐大臣，自然像神灵一样深沉。您也是受万民敬仰的人，不然，谢公怎么会屈身（来拜访您）呢？"

考试重点字词

（1）**与**：和。　　　（2）**诣**：拜访。　　　（3）**语**：告诉。

（4）**尝**：曾经。　　　（5）**欲**：想要。　　　（6）**既**：已经。

（7）**去**：离开。　　　（8）**定**：到底。　　　（9）**何**：怎么。

点评

王珣曾为桓温的属下，受到桓温器重，所以当会稽王与谢安一起去拜访桓温时，桓温有意留王珣在帐内，想听他对二人的评价。

自新第十五

题解

自新，指自觉改正错误，重新做人。本篇只有两则，一是说明改正错误要振作起来，"朝闻道，夕死可矣"，改正错误任何时候都不晚；二是说明有才要用到正道上，知错必改。

原文共二则，本书全选。

一

周处①年少时，凶强侠气②，为乡里所患。又义兴水中有蛟（jiāo），山中有邅（zhān）迹虎③，并皆暴犯百姓。义兴人谓为"三横"④，而处尤剧。或说处杀虎斩蛟，实冀（jì）三横唯余其一。处即刺杀虎，又入水击蛟。蛟或浮或没，行数十里。处与之俱，经三日三夜，乡里皆谓已死，更相庆。竟杀蛟而出，闻里人相庆，始知为人情所患，有自改意。乃入吴寻二陆⑤，平原不在，正见清河，具以情告，并云："欲自修改⑥，而年已蹉（cuō）跎（tuó）⑦，终无所成。"清河曰："古人贵朝闻夕死⑧，况君前途尚可。且人患志之不立，亦何忧令名不彰邪？"处遂改励，终为忠臣孝子。

注释

① 周处：字子隐，西晋义兴阳羡（今江苏宜兴）人。青少年时胡作非为，横行乡里，后勇于

改过，在晋朝任广汉太守、御史中丞。

② 侠气：指意气用事。

③ 遭迹虎：《孔氏志怪》："义兴有邪足虎，溪渚长桥有苍蛟，并大啖（dàn）人"。遭迹虎即邪足虎，跛脚老虎。

④ 横：指残暴的东西。

⑤ 二陆：指陆机、陆云。兄弟齐名，号为二陆，吴人。陆机在晋朝曾任平原郡内史，陆云曾任清河郡内史，所以下文直呼为平原、清河。（按：陆机比周处年轻二十多岁，所以周处年少时不可能寻访二陆。）

⑥ 修改：加强修养，改正错误。

⑦ 蹉跎：虚度光阴。

⑧ 朝闻夕死：同《论语·里仁》"朝闻道，夕死可矣"，大意是，早上听到了真理，就算晚上死去也不算虚度此生。

译文

周处年轻时，凶悍霸道，好意气用事，被乡里人当作祸害。加上义兴郡河里有蛟龙，山上有跛脚虎，都危害百姓。义兴人（把他们）叫作"三害"，其中周处危害最严重。有人劝周处去杀虎斩蛟，其实是希望三害中只剩下一个。周处立刻刺杀了老虎，又下河去击杀蛟龙。蛟龙时而浮出水面，时而潜入水底，游了几十里。周处始终和蛟龙纠缠在一起，经过三天三夜，乡亲们都以为他已经死了，互相庆贺。（没想到周处）竟然杀死蛟龙，从水里出来了，他听说乡亲互相庆贺，才知道自己人人厌恶，就有意改过自新。于是他到吴郡寻找陆机、陆云兄弟，陆机不在家，恰好见到陆云，他就把情况一五一十地告诉了（陆云），并且说："我想加强修养，改正错误，可是岁月已经虚度，恐怕终究不会有什么成就了。"陆云说："古人尚且重视'朝闻道，夕死可矣'，何况您的前途还远大着呢。再说，人只怕不能立志，又何必担心美名不能显扬呢？"于是周处便改正错误，振作起来，终于成了忠臣孝子。

考试重点字词

（1）**患**：祸害，这里是名词动用，当作祸害。　　（2）**暴犯**：危害。

（3）**或**：有的人。　　（4）**冀**：希望。　　（5）**谓**：认为。

（6）**庆**：庆贺。　　（7）**闻**：听说。　　（8）**告**：告诉。

（9）**欲**：想要。　　（10）**贵**：重视。　　（11）**彰**：彰显，显扬。

成语

朝闻夕死：形容追求真理或某种信仰的迫切之情。

点评

　　周处意识到自己过去的行为被乡亲们所痛恨之后，没有生气，反而有了改过自新、重新做人的想法，并最终成为一个人们喜欢的忠臣孝子，表现了他知错就改的优秀品质。

二

　　戴渊少时，游侠①不治行检②，尝在江淮间攻掠③商旅。陆机赴假还洛，辎（zī）重（zhòng）④甚盛，渊使少年掠劫，渊在岸上，据胡床，指麾（huī）⑤左右，皆得其宜。渊既神姿锋颖（yǐng）⑥，虽处鄙事，神气犹异。机于船屋上遥谓之曰："卿才如此，亦复作劫⑦邪？"渊便泣涕，投剑归机。辞厉⑧非常。机弥重之，定交，作笔荐焉。过江，仕至征西将军。

注释

① 游侠：指重信义、轻生死的人。
② 行检：品行操守。
③ 攻掠：袭击，抢劫。
④ 辎重：行李。
⑤ 指麾：同"指挥"。
⑥ 锋颖：挺拔突出。
⑦ 劫：强盗。
⑧ 辞厉：《太平御览》作"辞属"，指谈吐。

译文

　　戴渊年轻时，很侠义，不注意品行，曾在长江、淮河地区袭击、抢劫商人和旅客。陆

机休假完毕返回洛阳，行李很多。戴渊便指使一伙年轻人去抢劫，他在岸上，坐在马扎儿上指挥手下的人，安排得非常妥帖。戴渊原本就仪态挺拔风度不凡，虽然是干的是不正当的事，神采仍旧与众不同。陆机在船棚里远远地对他说："你有这样的才能，还要做强盗吗？"戴渊就哭泣流泪，扔掉剑投靠了陆机。他的谈吐非同一般。陆机更加看重他，和他结为朋友，并写信推荐他。过江以后，戴渊官至征西将军。

考试重点字词

（1）治：讲究，重视。 （2）还：返回。 （3）盛：多。
（4）使：指使。 （5）才：才能。 （6）投：扔。
（7）非常：非同一般。 （8）重：重视，看重。 （9）荐：推荐。

点评

戴渊谈吐不凡，是个有才能的人。虽然一开始做了强盗，走错了路，但在陆机的赏识下，改邪归正，官至征西将军，表现了戴渊弃恶从善、改过自新的品质。

企羡第十六

题解

企羡，字面含义是举踵（zhǒng）仰慕，同企慕，指敬仰思慕。本章讲的是仰慕那些才华出众、善于清谈、超尘脱俗的人物的故事。太平盛世也在企羡之列。

原文共六则，本书选其中两则。

王右军得人以《兰亭集序》①方《金谷诗序》②，又以己敌石崇，甚有欣色。

注释

① 《兰亭集序》：晋穆帝永和九年（公元353年）王羲之和谢安等四十一人聚会兰亭，饮酒赋诗。后来王羲之把这些诗汇编成集，并写了一篇序，就是《兰亭集序》。

② 《金谷诗序》：晋惠帝元康六年（公元296年）石崇所作。

译文

右军将军王羲之得知人们把《兰亭集序》和《金谷诗序》相比，还认为自己和石崇相当，神色非常欣喜。

考试重点字词

（1）方：相比。　　　　（2）敌：相当；匹敌。

（3）甚：很；非常。　　　　　　（4）欣：喜悦；快乐。

点评

王羲之欣喜于自己可以与石崇相当，可见他虽博学多识，仍有所追求。

二

孟昶（chǎng）未达时，家在京口。尝见王恭[1]乘高舆，被（pī）鹤氅（chǎng）裘（qiú）[2]。于时微雪，昶于篱间窥之，叹曰："此真神仙中人！"

注释

① 王恭：曾任青、兖二州刺史，镇守京口。
② 鹤氅裘：用鸟羽做成的皮衣。

译文

孟昶还没有显达时，家住京口。（他）曾经看见王恭坐着高车，穿着鹤氅裘衣。当时下着零星小雪，孟昶在篱笆后偷着看他，赞叹道："这真是神仙一般的人物！"

考试重点字词

（1）达：显达，显贵。
（2）尝：曾经。
（3）舆：车子。
（4）被：通"披"，穿在身上或披在身上。
（5）窥：（从缝隙、小孔或隐蔽处）偷看。
（6）此：指示代词，与"彼"相对。

成语

王恭鹤氅：后以此典故形容人仪态、神采、服饰美好。有时也用以咏雪。

点评

　　王恭出身于显赫的家庭，而且本身就是个极其出色的美男子。再加上他为人高洁自爱，这无疑使他更像"神仙中人"。而孟昶在还未显达时见到王恭的仪仗服饰，以此激励自己，体现了孟昶志存高远。此外，孟昶后来的奢侈淫靡，大概也是此时埋下的种子吧。

伤逝第十七

题解

伤逝，指哀念去世的人。怀念死者，表示哀思，这是人之常情。本篇记述了对子女、兄弟、朋友之丧的悼念。有的依亲友的生前爱好奏一曲或学一声驴鸣以祭奠逝者；有的是睹物思人，感慨系怀而兴伤逝之叹；有的颂扬逝者，以寄托自己的哀思；更有人慨叹知音已逝，"发言莫赏，中心蕴结（说话再也无人欣赏，心里郁结难解）"，而预料自己不久于人世，更易令人伤感。

原文共十九则，本书选其中六则。

一

王仲宣①好驴鸣。既葬，文帝临其丧，顾语（yù）同游曰："王好驴鸣，可各作一声以送之。"赴客皆一作驴鸣。

注释

① 王仲宣：王粲（càn），字仲宣，建安七子之一。

译文

王仲宣喜欢听驴叫。到他去世安葬后，魏文帝曹丕去参加他的葬礼，回头告诉同行的人说："王仲宣喜欢听驴叫，大家可每个人都学一声驴叫来给他送行。"去吊丧的客人都学了一声驴叫。

考试重点字词

（1）好：喜欢，喜好。 （2）鸣：鸣叫。 （3）临：来到。

（4）其：他的，代王仲宣。　（5）丧：丧事。

（6）顾：回头。　（7）语：告诉。　（8）以：用来。

（9）之：他，代指王仲宣。　（10）皆：都。

【点评】

　　情深情浅，有时并不看眼泪的多少，一声驴鸣，也许就足够温暖。越是荒诞的行为下，越是隐藏着一颗真挚的心。与其附庸风雅，在葬礼上迎风洒泪，撰写些虚情假意的悼挽联，不如痛痛快快地学一声驴鸣，表达相知、相惜、相忆之情。

二

　　孙子荆以有才，少所推服，唯雅敬王武子。武子丧时，时名士无不至者。子荆后来，临尸恸（tòng）哭，宾客莫不垂涕。哭毕，向灵床①曰："卿常好我作驴鸣，今我为卿作。"体似真声，宾客皆笑。孙举头曰："使君辈存，令此人死！"

【注释】

① 灵床：停放尸体的床铺，停尸床。

【译文】

　　孙子荆倚仗自己有才能，很少推崇并佩服别人，唯独很尊敬王武子。王武子死后治丧时，当时有名望的人没有不去吊唁的。孙子荆后到，对着遗体痛哭，宾客们没有不流泪的。（他）哭完后，朝着灵床说："你平时喜欢听我学驴叫，现在我为你学一学。"他学得非常逼真，宾客们都笑了。孙子荆抬起头说："（怎么）让你们这类人活着，却让这个人死了！"

【考试重点字词】

（1）推：推崇。　（2）服：佩服。　（3）丧：治丧，办丧事。

（4）临：面对。　　（5）恸：极度悲哀。　　（6）涕：眼泪。

（7）卿：你，古代用为第二人称，表尊敬或爱意。

（8）好：喜欢，喜好。　（9）似：像。　　（10）皆：都。

点评

　　魏、晋是历史上思想解放、文学自觉意识更张的时代，它摆脱了两汉以来儒家正统礼教的束缚，注重性情的自然流露，不再强调维持那副威严堂皇的假面具，所以很多名士表现出脱略大度、豁达率真的作风。

三

　　顾彦先平生好琴，及丧，家人常以琴置灵床①上。张季鹰往哭之，不胜其恸，遂径上床，鼓琴作数曲，竟，抚琴曰："顾彦先颇复赏此不（fǒu）？"因又大恸，遂不执孝子手而出②。

注释

① 灵床：为死者虚设的坐卧之具。

② "遂不"句：客人吊丧临走时，礼节上应与逝者家人握手，表示慰问。这里说不执孝子手，是说伤痛至极，以致忘了礼数。

译文

　　顾彦先平生喜欢弹琴，等到去世后，家人常把琴放在灵床上。张季鹰去哭吊他，悲痛得无法自抑，便直接坐在灵床上，弹了几首曲子，弹完后，抚摩着琴说："顾彦先还能再欣赏这曲子吗？"于是又哭得非常伤心，竟没有握孝子的手就出去了。

考试重点字词

　　（1）好：喜欢；喜好。　（2）置：放置。　　（3）往：去。

　　（4）之：他，代顾彦先。　（5）胜：禁得起。

（6）遂：于是　　　（7）鼓：弹奏。　　　（8）竟：完毕。

（9）不：通"否"。　　（10）执：握。

点评

张季鹰吊唁顾彦先，"径上床，鼓琴作数曲"，最后又下床径直离开。似乎"无礼"之至，然而均出自内心的真情，他独为死者悲恸，以致忘了礼数。

四

支道林丧法虔①之后，精神霣（yǔn）丧②，风味转坠。常谓人曰："昔匠石废斤于郢（yǐng）人③，牙生辍弦于钟子④，推己外求，良不虚也。冥契⑤既逝，发言莫赏，中心蕴结，余其亡矣！"却后一年，支遂殒（yǔn）。

注释

① 法虔：晋时僧人，是支道林的同学，很有才华。

② 霣丧：同"陨丧"，指萎靡不振，颓丧消沉。

③ "昔匠石"句：这是引用《庄子·徐无鬼》运斤成风的故事，说的是，郢人鼻尖上溅上了一点白土，匠石（即名字叫石的匠人）挥动斧子，飞快地替他削掉土而没有碰伤鼻子；郢人也一动不动地站着，面不改色。后来郢人死了，匠石失去了配合的对象，神技也就无所施展了。比喻神妙的技术，也需要双方默契配合，才能发挥作用。斤：斧子。郢人：郢都的人，实指楚人。

④ "牙生"句：据《韩诗外传》载，著名的琴师伯牙鼓琴，志在泰山，钟子期听见，说："巍巍乎如太山。"一会又志在流水，钟子期便说："洋洋乎若江河。"所以伯牙把钟子期当做知音。钟子期死后，伯牙失去了知音，终身不再鼓琴。

⑤ 冥契：默契，这里指相默契的人。

译文

支道林在法虔去世以后，精神萎靡不振，风采神韵也日渐丧失。他常对人说："从前匠石因为郢人死去就不再用斧子，伯牙因为钟子期死去而停止鼓琴，推己及人，确实不假。我的知己已经去世，说话再也无人欣赏，心里郁结难解，我大概要死了！"过了一年，支道林便去世了。

点评

支道林和法虔亲密无间，相知相契。法虔去世后，支道林感觉失去了一个懂自己的人。从此，精神消沉，渐渐失去了原有的活力。支道林以匠石、俞伯牙自比，把法虔比喻成郢人和钟子期，运斤成风，高山流水，唯有知音、知己才能欣赏。

五

王子猷（yóu）、子敬俱病笃，而子敬先亡①。子猷问左右："何以都不闻消息？此已丧矣！"语时了②不悲。便索舆（yú）来奔丧，都不哭。子敬素好琴，便径入坐灵床上，取子敬琴弹，弦既不调，掷地云："子敬，子敬，人琴俱亡！"因恸绝良久。月余亦卒。

注释

①"王子猷"句：王徽之（字子猷）和王献之（字子敬）是兄弟，分别是王羲之的第五子、第七子。

②了：完全。

译文

王徽之和王献之都病得很重，王献之先去世。王徽之问侍候的人："为什么一点也没有听到子敬的音讯？这是已经去世了！"说话时完全不悲伤。（于是子猷）就备了车子去奔丧，一点也没有哭。王献之平时喜欢弹琴，（王徽之）便径直进去坐在灵床上，拿过王献之的琴来弹，琴弦怎么也调不好，他就把琴扔到地上说："子敬，子敬，人和琴都死了！"说完，悲恸欲绝很长时间。过了一个多月（他）也去世了。

考试重点字词

（1）俱：都。　　（2）笃：（病）重。

（3）左右：左右的人，身边的人。　　（4）舆：车。

（5）素：平素。　　（6）好：喜好。　　（7）径：直接。

（8）良久：很久。　　（9）亦：也。

点评

这两人不仅是亲兄弟，还是一生志趣相投的挚友。子猷得知子敬已死，先是"不悲""不哭"，只因大悲无泪。但后来发现子敬的琴怎么也调不好，琴随人亡了，睹物思人，不由悲恸欲绝。此情令人动容。

六

羊孚年三十一卒，桓玄与羊欣书曰："贤从[1]情所信寄，暴疾而殒。祝予[2]之叹，如何可言！"

注释

[1] 贤从：对他人堂兄弟的尊称。（按：羊孚是羊欣的同祖堂兄。）

[2] 祝予：断绝我，亡我。语出《公羊传·哀公十四年》："子路死，子曰：'噫，天祝予！'"

| 译 | 文 |

　　羊孚三十一岁时去世，桓玄给羊欣写信说："你的堂兄是我感情所信赖、寄托的人，突然暴病而死。天将亡我之叹，怎么能用言语来表达！"

| 考试重点字词 |

　　（1）年：岁。　　　　（2）卒：死。

　　（3）书：书信，此处名词作动词用，指写信。　　（4）疾：疾病。

　　（5）而：表因果。　　（6）殒：死亡。　　（7）言：说。

| 点评 |

　　颜渊死，孔子说："天丧予！"子路亡，孔子说："天祝予！"祝者，断也。同样，这里桓玄借助典故，深切表达了对朋友去世的一腔哀思。

栖逸第十八

【题解】

栖逸，指避世隐居。魏晋时代，战乱不断，政治迫害日益严重，一些对现实不满而想逃避的人或者有厌世思想的人羡慕起隐居生活，以寄托自己漠视世事的情怀。一些不甘寂寞又不耐清苦的人，虽然追求荣华富贵，但又想寄情山水，也把隐士看成理想人物，追求所谓的"朝隐"。

原文共十七则，本书选其中四则。

一

山公将去选曹，欲举嵇（jī）康，康与书告绝。

【注释】

"山公"句：山公即山涛，字巨源，曾任吏部郎（也就是选曹郎），主管官吏的选授等。后来升任散骑常侍，就推荐同是竹林七贤的嵇康代其原职，嵇康原与山涛是好友，但不愿做官，认为山涛并不了解自己，就写信与山涛绝交了，这就是有名的《与山巨源绝交书》。

【译文】

山涛将不再担任选曹郎职务，想推荐嵇康（代替），嵇康写信宣告与他绝交。

【考试重点字词】

（1）去：离开。　（2）欲：想要。　（3）举：推荐。

（4）与：给予。　（5）绝：断绝关系，绝交。

点评

　　山涛和嵇康虽然是好朋友，但山涛依旧不够了解嵇康的为人，推荐嵇康接替自己的官职，最终导致嵇康与自己绝交。

二

　　南阳刘驎（lín）之，高率（shuài）[1]，善[2]史传，隐于阳岐（qí）[3]。于时符（fú）坚临江，荆州刺史桓冲将尽诉（xū）谟（mó）[4]之益，征为长史，遣人船往迎，赠赆（kuàng）[5]甚厚。驎之闻命，便升舟，悉不受所饷，缘道以乞[6]穷乏[7]，比至上明[8]亦尽。一见冲，因陈无用，翛（xiāo）然[9]而退。居阳岐积年，衣食有无，常与村人共。值己匮乏，村人亦如之。甚厚，为乡闾（lú）所安。

注释

① 高率：高尚直率。

② 善：通"擅"，擅长。

③ 阳岐：村名，离荆州二百里。

④ 诉谟：宏图大计，此处指桓冲准备举兵抵御符坚。

⑤ 赠赆：赠送礼物。

⑥ 乞：给。

⑦ 穷乏：这里指穷困的人。

⑧ 上明：地名。桓冲为了阻止符坚南侵，想迁移藩镇到长江以南，便把荆州首府移到上明。

⑨ 翛然：无拘无束的样子。

译文

　　南阳人刘驎之，高尚直率，历史知识很丰富，在阳岐村隐居。当时，符坚已经逼近长江，荆州刺史桓冲想尽力实现有益于国家的宏图大计，就聘刘驎之任长史，派人和船前去迎接他，赠送的礼物也很丰厚。刘驎之听到任命，就上船出发，对桓冲所送的礼物全都不接受，沿途把（它们）送给了穷困的人，等到了上明（礼物）也送光了。（他）一见到桓冲，就陈述自己没有才能，然后就潇洒地告退出来。（他）在阳岐住了多年，不管衣食有多少，常和村人共同分享。遇到自己短缺时，村人也同样帮助他。他为人厚道，成为乡里人乐于相处的人。

> **考试重点字词**
>
> （1）**便**：于是，就。　（2）**悉**：全，都。　（3）**饷**：赠送。
>
> （4）**缘**：沿着。　（5）**比**：等到。　（6）**因**：于是，就。
>
> （7）**陈**：陈述。　（8）**值**：遇到。

> **点评**
>
> 　　刘骥之没有收桓冲的礼物，却分给了穷困的人，平时自己的衣食也和村人分享，由此可见他是一个不图富贵、乐善好施的人。

三

　　戴安道①既厉操②东山，而其兄欲建式遏③之功。谢太傅曰："卿兄弟志业，何其太殊？"戴曰："下官不堪其忧，家弟不改其乐④。"

注 释

① 戴安道：戴逵，字安道。东晋时期隐士。戴逯是他的哥哥，因屡立战功，被朝廷封为广信侯，后又升官至大司农。

② 厉操：磨砺（lì）节操，指隐居。

③ 式遏：指阻止害民之事，保卫国家，为国立功。语出《诗·大雅·民劳》"式遏寇虐"，式是句首语气词，遏是阻止，原意指阻止侵犯、残害百姓。

④ "下官"句：这是化用《论语·雍也》所述有关颜回的语句："贤哉，回也！一箪食，一瓢饮，在陋巷，人不堪其忧，回也不改其乐。贤哉，回也！"

译文

戴安道已经在东山隐居，他哥哥却想为国家建功立业。太傅谢安对他哥哥说："你们兄弟俩的志向、事业，怎么差异这么大呢？"戴逯说："我受不了处于贫困境地的那种忧苦，我弟身处贫困却能不改变自有的快乐。"

考试重点字词

（1）既：已经。　　（2）之：的。　　（3）何：为什么。

（4）殊：不一样。　　（5）堪：忍受。

点评

即便是兄弟，两个人的志向和事业依旧可能有很大差异。正像文中的戴安道和他的哥哥一样，一个安于隐居生活，另一个却想为国家建功立业。两种想法其实并无好坏之分，但在当时的社会环境下，安贫乐道更加受到推崇。

四

许掾（yuàn）[1]好游山水，而体便登陟（zhì）。时人云："许非徒有胜情[2]，实有济胜之具[3]。"

注释

① 许掾：许询，字玄度，曾被召为司徒掾，不肯就职。

② 胜情：高雅的情趣。

③ 济胜之具：指游览胜境所需要的条件，这里指强健的身体。

译文

司徒掾许玄度喜欢游览山水，而且身体健壮敏捷，便于登高。当时的人说："许玄度不只有高雅的情趣，而且确有便于游览胜境的好身体。"

考试重点字词

（1）好：喜欢。

（2）便：方便于……

（3）徒：只。

（4）济：帮助。

点评

许玄度喜爱游山玩水，这需要有一个健康的身体。因此，当我们想做一些事情的时候，不但要有想法和志趣，还要有能做这件事的能力和条件。

贤媛第十九

题解

贤媛（yuàn），指有德行有才智有美貌的女子。本篇所记述的妇女，或有德，或有才，或有貌，而以前两种为主。作者的目的，乃是要依士族阶层的伦理道德观点，褒扬那些贤妻良母型的妇女，以之为妇女楷模。这些妇女，或者识大体，刚强正直，不搞歪门邪道；或者才智过人，目光敏锐，见识卓越。至于美貌，并没有被看成贤媛的唯一的标准，所以在记叙貌美的同时，总涉及德行或才智。

原文共三十二则，本书选其中十一则。

一

汉元帝宫人既多，乃令画工图之，欲有呼者，辄（zhé）披图召之。其中常者，皆行货赂（lù）①。王明君②姿容甚丽，志不苟求，工遂毁为其状。后匈奴来和，求美女于汉帝，帝以明君充行。既召见而惜之，但名字已去，不欲中改，于是遂行。

注释

① 货赂：贿赂。
② 王明君：王昭君。晋人因避晋文帝司马昭讳改称为王明君。

译文

汉元帝的宫女很多，于是就派画工去画下她们的模样，想要召唤她们时，就翻看画像召唤她们。宫女中相貌一般的人，都贿赂画工。王昭君姿态容貌非常美丽，不愿用不正当的手段去乞求，画工就丑化了她的容貌。后匈奴来和亲，向汉元帝求赐美女，元帝便让昭君充当宗室之女出嫁。召见以后很舍不得她，但是名字已经送去了匈奴，不想中途更改，于是（昭君）就去了匈奴。

考试重点字词

（1）**图**：画。 （2）**呼**：召唤。 （3）**披**：翻阅。

（4）**召**：召见。 （5）**甚**：十分。 （6）**状**：样子，容貌。

（7）**惜**：舍不得。

点评

王昭君不仅容貌美丽，而且品性正直。她不像其他宫女一样为了能被汉元帝召见而贿赂画工，表现了她高尚的品质。

二

汉成帝幸赵飞燕①，飞燕谮班婕（jié）妤（yú）②祝（zhòu）诅③，于是考问④。辞⑤曰："妾闻死生有命，富贵在天⑥。修善尚不蒙福，为邪欲以何望？若鬼神有知，不受邪佞（nìng）之诉；若其无知，诉之何益？故不为也。"

注释

① 赵飞燕：入宫后得宠，后来许皇后被废，她被立为皇后。

② 班婕妤：婕妤是后宫妃嫔的称号。班婕妤初选入宫时也得到宠幸，立为婕妤。

③ 祝诅：诅咒。祝，通"咒"。

④ 考问：拷打审问。

⑤ 辞：供词。

⑥ "死生"句：语出《论语·颜渊》。

译文

汉成帝很宠爱赵飞燕，飞燕诬陷班婕妤诅咒她，于是成帝就拷打审问班婕妤。班婕妤的供词说："我听说死生由命运来决定，富贵随天意去安排。做好事尚且不一定得福，起邪念又想得到什么呢？如果鬼神有知觉，就不会接受那种邪恶谗佞的诅咒；如果鬼神没有知觉，向它诬告诅咒又有什么好处？所以我是不会做这种事的。"

考试重点字词

（1）**幸**：宠幸，宠爱。 （2）**谮**：诬陷。 （3）**闻**：听说。

（4）**修善**：做好事。 （5）**若**：如果。 （6）**益**：好处。

（7）**为**：做。

点评

班婕妤面对赵飞燕的污蔑，不卑不亢，用机智而坚决的语言为自己作了澄清，表现了班婕妤的临危不惧与聪明才智。

三

许允妇是阮卫尉①女，德如妹，奇丑。交礼竟，允无复入理，家人深以为忧。会允有客至，妇令婢（bì）视之，还答曰："是桓郎。"桓郎者，桓范也。妇云："无忧，桓必劝入。"桓果语许云："阮家既嫁丑女与卿，故当有意，卿宜察之。"许便回入内。既见妇，即欲出。妇料其此出，无复入理，便捉裾（jū）②停之。许因谓曰："妇有四德③，卿有其几？"妇曰："新妇所乏唯容尔。然士有百行④，君有几？"许云："皆备。"妇曰："夫百行以德为首，君好色不好德，何谓皆备？"允有惭色，遂相敬重。

注释

① 阮卫尉：阮共，字伯彦，在魏朝官至卫尉卿。

② 裾：衣服的大襟，也指衣服的前后部分。

③ 四德：品德、言语、容仪、女红。

④ 百行：多方面的品行。

| 译文 |

　　许允的妻子是卫尉卿阮共的女儿，阮德如的妹妹，长相特别丑。新婚行完交拜礼后，许允就不再有进洞房的意愿了，家里人都为此十分担忧。正好有位客人来，新娘便叫婢女去看是谁，婢女回答说："是桓郎。"桓郎就是桓范。新娘说："不用担心，桓公子一定会劝他进来的。"桓范果然劝许允说："阮家既然嫁个丑女给你，想必是有一定用意的，你应该体察明白。"许允便转身进入新房。见了新娘，他即刻就想出去。新娘料定他这一走再也不可能回来了，就拉住他的衣襟让他留下。许允便问："妇女应该有四种美德，你有其中的哪几种？"新娘说："我所缺少的只是容貌罢了。可是读书人应该具备多方面的品行，您有几种？"许允说："样样都有。"新娘说："各方面品行中首要的是德，可是您爱色不爱德，怎么能说样样都有？"许允（听了）脸有愧色，从此夫妇俩便互相敬重了。

考试重点字词

（1）奇：特别。　　（2）竟：结束。　　（3）复：再。

（4）理：意愿。　　（5）忧：忧愁，担忧。　　（6）无：不要。

（7）语：告诉。　　（8）察：体察。　　（9）容：容貌。

点评

　　许允的妻子虽然相貌丑陋，但"所乏唯容尔"，她面对新婚丈夫对自己外貌的嫌弃，没有自卑自弃，反而用恰当得体的言语使丈夫意识到了自己的问题，表现了她作为一个女子的不卑不亢与聪明智慧。

四

　　王公渊①娶诸葛诞②女。入室，言语始交，王谓妇曰："新妇神色卑下，殊不似公休！"妇曰："大丈夫不能仿佛彦（yàn）云，而令妇人比踪③英杰！"

注释

① 王公渊：王广，字公渊，有风度、才学，名声
很大。他父亲王凌，字彦云。
② 诸葛诞：字公休，在魏朝曾任御史中丞、尚书，
后又为镇东大将军。
③ 比踪：指比拟追踪，向……看齐。

译文

　　王公渊娶诸葛诞的女儿为妻，进入新房，（夫妻）刚开始交谈，王公渊就对妻子说："新娘子神态不高贵，很不像你父亲公休！"他妻子说："作为大丈夫你不能像你父亲彦云，却要求一个女人和英雄豪杰相比！"

考试重点字词

（1）入：进入。　　（2）交：交谈。　　（3）卑下：不高贵。

（4）殊：很。　　（5）仿佛：像。　　（6）而：表转折。

点评

　　王公渊的妻子面对丈夫对自己外表的指责，没有生气，也没有自卑，反而"以其人之道还治其人之身"，用同样的说法指出了丈夫身上的问题，表现了她的聪明智慧。

五

　　王经少贫苦，仕至二千石（dàn）①，母语（yù）之曰："汝本寒家子，仕至二千石，此可以止乎？"经不能用。为尚书，助魏，不忠于晋②，被收。涕泣辞母曰："不从母敕（chì），以至今日。"母都无戚（qī）容，语之曰："为子则孝，为臣则忠，有孝有忠，何负吾邪？"

注释

① "王经"句：王经初为江夏太守，后升为二州刺史、司隶校尉。高贵乡公曹髦（máo）即位后，任尚书。甘露五年（公元260年）魏帝因为相国司马昭权倾帝室，召侍中王沈、尚书王经、散骑常侍王业共谋讨伐司马昭，王沈、王业连忙跑去向司马昭告密，并叫王经一起去，王经不肯。接着魏帝被杀，王经和家属也被害。二千石：职官的等级以年俸米石的多少来定高低，司隶校尉、州牧、郡太守等都是二千石，即月俸百二十斛。

② 不忠于晋：王经是魏朝人，当时还没有晋朝，记事者是后代人，所以这样说。

译文

　　王经年少时家境贫苦，后来做官做到二千石的职位时，他母亲对他说："你本来是贫寒人家的子弟，现在做到二千石这么大的官，这就可以停止了吧？"王经没有采纳母亲的意见。后来他担任尚书，帮助魏朝，对晋司马氏不忠，被逮捕了。当时他流着泪辞别母亲说："我没有听从母亲的教导，以至有今天。"他母亲一点愁容也没有，对他说："做儿子应当孝顺，做臣子应当忠诚，（现在你）有孝有忠，有什么对不起我的呢？"

考试重点字词

（1）语：告诉。　（2）仕：做官。　（3）止：停止。

（4）用：采用。　（5）收：收押。　（6）辞：告别。

（7）从：听从。　（8）敕：教导。　（9）戚容：愁容。

点评

　　王经的母亲在儿子落难之时没有像儿子一样情绪失控，反而依然保持镇定，对儿子的行为作出了正确的分析，使儿子意识到自己并没有做错什么，表现出了镇定从容、明辨是非的品质。

六

陶公少时作鱼梁①吏，尝以坩（gān）②鲊（zhǎ）③饷（xiǎng）母。母封鲊付使，反书责侃（kǎn）曰："汝为吏，以官物见饷（xiǎng），非唯不益，乃增吾忧也。"

注释

① 鱼梁：在水中筑的捕鱼的堰。（按：《晋书·列女传》载，陶侃任寻阳县吏时，曾监管鱼梁。）
② 坩：陶器，瓦罐。
③ 鲊：鱼制品，如腌鱼、糟鱼之类。

译文

陶侃年轻时做监管鱼梁的小官，曾经送去一陶罐腌鱼给母亲。他母亲把腌鱼罐封好交给送来的人（带回去），并且回信责备陶侃说："你做官，拿公家的东西送给我，这不只没有好处，反而增加了我的忧虑。"

考试重点字词

（1）作：做。 （2）尝：曾经。 （3）饷：赠送。
（4）封：密封。 （5）付：交给。 （6）反：返回。
（7）责：责备。 （8）忧：忧虑。

点评

陶侃的母亲怕自己的儿子因小失大，因此连一罐腌鱼也不肯收下，表现了她对儿子的严格要求。

七

桓车骑不好著新衣，浴后，妇故送新衣与。车骑大怒，催使持去。妇更持还，传语云："衣不经新，何由而故？"桓公大笑，著之。

译文

车骑将军桓冲不喜欢穿新衣服，有一次洗完澡，他妻子故意送去新衣服给他。桓冲大怒，催仆人把衣服拿走。他妻子又叫人再拿回来，并且传话说："衣服不经过新的，怎么能变成旧的呢？"桓冲听了大笑，就穿上了新衣。

考试重点字词

（1）著：穿。　（2）浴：洗浴。　（3）故：故意。

（4）催：催促。　（5）更：再次。　（6）经：经历。

（7）故：旧的。

点评

桓冲的妻子知道自己的丈夫不爱穿新衣，当仆人把新衣送过去时，丈夫很生气，但妻子却用十分有道理的语言让丈夫转怒为喜，并且接受了新衣服，表现了妻子的聪明与智慧。

八

韩康伯母隐（yìn）①古几毁坏，卞鞠（jū）②见几恶，欲易之。答曰："我若不隐此，汝何以得见古物？"

注释

① 隐：倚靠。

② 卞鞠：韩母的外孙，生活奢靡，平时吃穿用度，力求新异，常"以富贵骄人"。（按：韩母的回答是对卞鞠的讽刺。）

译文

韩康伯母亲平日靠着的那张旧桌子坏了，卞鞠看见小桌破旧了，就想换掉它。韩母回答说："我如果不倚着这个，你又怎么能见到古物呢？"

考试重点字词

（1）恶：破旧。 （2）易：更换。 （3）若：如果。

点评

韩康伯的母亲知道自己的外孙平时生活奢侈，便故意倚靠着一张破旧的小桌子，想让外孙意识到自己的问题。

九

王江州①夫人语谢遏（è）曰："汝何以都不复进②？为是③尘务经心，天分有限？"

注释

① 王江州：王凝之，曾任江州刺史。他的夫人谢道韫是谢遏（谢玄）的姐姐。

② "汝何"句：《晋书·列女传》载，谢道韫曾责备谢玄学问没有长进。

③ 为是：还是，表选择的连词。

译文

江州刺史王凝之夫人问谢遏道："你为什么一点儿也不再长进？是世俗的事烦扰于心呢，还是天资有限呢？"

考试重点字词

（1）复：再次。 （2）尘务：世俗的事。 （3）天分：天资。

点评

　　谢道韫对自己的弟弟要求十分严格，因此在他没有进步的时候责问他停滞不前的原因。

十

　　谢遏绝重其姊（zǐ），张玄常称其妹，欲以敌之。有济尼者，并游张、谢二家，人问其优劣，答曰："王夫人神情散朗，故有林下[1]风气；顾家妇清心玉映，自是闺（guī）房之秀。"

注释

[1] 林下：竹林之下或树林之下，实指隐士所在之处。（按：济尼之言，实际是说顾家妇（张玄妹）不如王夫人（谢道韫）。称赞王夫人有隐士风度，顾家妇不过是妇女中的优秀者而已。）

译文

　　谢遏非常推崇自己的姐姐谢道韫，张玄常常称赞自己的妹妹，想拿她和谢遏姐姐并列。有个尼姑叫济，和张、谢两家都有交往，别人问她这两个人的高下，（她）回答说："王夫人神态风度潇洒爽朗，确实有隐士的风采和气度；顾家媳妇心地清纯，洁白光润，自然是妇女中的优秀者。"

考试重点字词

　　（1）绝：十分。　　（2）称：称赞。　　（3）敌：并列，匹敌。
　　（4）游：交往。　　（5）自：自然。

点评

　　谢遏称赞自己的姐姐是因为姐姐优秀，而张玄称赞自己的妹妹是因为想让妹妹扬名。尼姑看出了两位女子的不同。这说明只有真正优秀的人才能获得名副其实的称赞。

十一

王尚书惠尝看王右军夫人，问："眼耳未觉恶[1]不？"答曰："发白齿落，属乎形骸（hái）；至于眼耳，关于神明[2]，那可便与人隔[3]？"

注释

[1] 恶：不好，这里指视力、听力衰退。

[2] 神明：精神。

[3] 隔：隔阂。这句是说还没有到眼花耳聋、彼此不通情意的程度。

译文

尚书王惠曾经去看望过右军将军王羲之的夫人，问道："眼睛、耳朵还没有觉得不好吧？"她回答说："头发白了，牙掉了，这是属于身体的衰老；至于视力和听力，关系到精神，怎能阻碍和别人交往呢？"

考试重点字词

（1）觉：感觉。　　（2）白：变白。

（3）落：脱落。　　（4）形骸：形体。

点评

王羲之的夫人虽然老了，但精神依旧很好，表现了她乐观的精神。

术解第二十

题解

术解，指精通技艺或方术。本篇记载了一些和特殊技能有关的事例：或通晓音乐、音律，或能从煮出的菜蔬里品尝出是用什么样的柴火煮的，或善解马性，或精通医术，都是各有专长。古人颇好方术，如占卜等，迷信色彩浓重，其实不过是自欺欺人罢了，故本书不选与方术相关的篇目。

原文共十一则，本书选其中五则。

一

荀勖（xù）①尝在晋武帝坐上食笋进饭，谓在坐人曰："此是劳薪（xīn）②炊（chuī）也。"坐者未之信③，密遣（qiǎn）问之，实用故车脚④。

注释

① 荀勖：西晋人，精通乐理。
② 劳薪：这里指用旧车轮当柴火烧。车子运行以车脚车轮最辛苦，故称。
③ 未之信：即"未信之"，不相信他（的话）。
④ 车脚：车轮。

译文

荀勖曾经在晋武帝的宴席上吃笋下饭，（他）对在座的人说："这笋是用旧车轮作柴火烹制的。"在座的人不相信，暗中派人去问厨师，的确是用旧车轮当柴火烹制的。

考试重点字词

（1）**尝**：曾经。　　（2）**食**：吃。　　（3）**谓**：告诉，对……说。

（4）**密**：暗中。　　（5）**实**：确实，的确。　（6）**故**：旧的。

点评

　　荀勖在宴会上竟能从吃的菜蔬里品尝出是用什么样的柴火煮的，可见荀勖不仅精通乐理，对日常事物也有独到的鉴识力。

二

　　王武子[1]善解马性。尝乘一马，著连钱[2]障（zhàng）泥[3]，前有水，终日不肯渡（dù）。王云："此必是惜障泥。"使人解去，便径渡。

注 释

① 王武子：王济，字武子，西晋人。

② 连钱：一种花饰，像钱纹。

③ 障泥：垫马鞍的垫子，下垂至马腹，用来挡泥土。

译 文

　　王武子善于了解马的脾性。他曾经骑着一匹马，马背上盖着连钱花纹的垫子，前面有条河，马始终都不肯渡过去。王武子说："这一定是马爱惜垫子。"叫人解下垫子，马就径直渡过去了。

考试重点字词

（1）**善**：善于，擅长。　（2）**尝**：曾经。　　（3）**著**：穿，放置。

（4）**水**：河流。　　　（5）**终日**：始终。　　（6）**云**：说。

（7）**惜**：爱惜。　　　（8）**使**：让。

短文通过马因爱惜障泥不肯过河的故事，表现了王武子善解马性的特点。

三

陈述①为大将军掾（yuàn），甚见爱重。及亡，郭璞（pú）②往哭之，甚哀，乃呼曰："嗣（sì）祖，焉知非福！"俄而大将军作乱，如其所言。

注释

① 陈述：字嗣祖，有名望，曾任大将军王敦的属官。

② 郭璞：字景纯，精通卜筮之术。初受王导器重，参王导军事，后在王敦幕府里任记室参军。（按：郭璞已预知王敦要作乱。）

译文

陈述担任大将军王敦的属官，特别受王敦赏识和重视。等他去世，郭璞去哭丧，哭得非常悲痛，竟然哭喊着说："嗣祖，怎么知道这不是你的福气！"不久王敦就发动了叛乱，正像郭璞所说的那样。

考试重点字词

（1）掾：古代属官的通称。

（2）及：等到，到了。

（3）往：去。

（4）焉：多用于反问，相当于"怎么"。

（5）俄而：不久，很快。

（6）如：像，如同。

点评

通过郭璞对陈述吊唁时所说的话，可推断郭璞对形势已有一定的把握。

四

郗（xī）愔（yīn）信道甚精勤[1]，常患腹内恶，诸医不可疗。闻于法开[2]有名，往迎之。既来便脉，云："君侯[3]所患，正是精进[4]太过所致耳。"合一剂汤与之。一服即大下，去数段许纸，如拳大，剖（pōu）看，乃先所服符也。

注释

[1] "郗愔"句：郗愔信奉的天师道，是当时的一种迷信组织，相信喝符水可以治病，无病也可服符箓。精勤：专心勤奋。

[2] 于法开：和尚名，以文学著名，兼通医术。

[3] 君侯：对列侯和尊贵者的尊称。

[4] 精进：佛教用语，指专心无杂念而上进不懈怠，这里指对道教的虔诚。

译文

郗愔信奉天师道非常专心勤奋。他常常感到肚子不舒服，很多医生都治不好。（他）听说于法开有名气，就去接他来。（于法开）来了就切脉，（切完脉）说："君侯害的病，恰恰是过分虔诚引起的呀。"就配了一服汤药给郗愔。郗愔一服药就大泻，泻下几堆像拳头那么大的纸团，剖开一看，原来是先前所吃下的符箓。

考试重点字词

（1）常：常常。

（2）诸：多。

（3）闻：听说。

（4）汤：汤剂，用水煎服的中药。

（5）即：就。

点评

郗愔因信奉天师道，经常服用符箓，使胃肠道积存纸团而致病。法开在给予泻药的同时说他"精进太过"，是说他"信"过了度，也就是今天我们所称的到了"迷信"的程度。

五

殷中军妙解经脉①，中年都废②。有常所给使③，忽叩（kòu）头流血。浩问其故，云："有死事，终不可说。"诘（jié）问良久，乃云："小人母年垂百岁，抱疾来久，若蒙官一脉，便有活理，讫（qì）就屠戮（lù）无恨。"浩感其至性，遂令舁（yú）④来，为诊脉处方。始服一剂汤便愈。于是悉焚（fén）经方⑤。

| 注 释 |

① 经脉：中医所指人体内气血运行的通路，这里泛指医术。
② 废：荒废，这里指不再研究。
③ 给使：指供使唤的仆人。
④ 舁：抬。
⑤ 经方：医书。

| 译 文 |

中军将军殷浩精通医术，到中年就将医术全都抛开不研究了。有一个常使唤的仆人，忽然给他磕头，磕到头破血流。殷浩问他原因，他说："有件人命关天的事，不过终究不该说。"追问了很久，（仆人）这才说道："小人的母亲年纪将近百岁，从生病到现在已经很长时间了，如果承蒙大人诊一次脉，就有办法活下去，事成以后，就算把我杀死也没有遗憾了。"殷浩被他真诚的孝心感动，就叫他把母亲抬来，给他母亲诊脉开药方。才服了一服药，他母亲的病就好了。于是（殷浩）把医书全都烧了。

考试重点字词

（1）**妙**：精妙，精通。　（2）**故**：原因。　（3）**终**：终究。

（4）**诘**：追问。　（5）**垂**：临近。　（6）**若**：如果。

（7）**讫**：完毕。　（8）**恨**：遗憾。　（9）**始**：才。

点评

殷浩精通医术，到中年时便不再研究，但当仆人求他医治自己的母亲时，殷浩被他的孝心感动，治好了他的母亲。这个故事表现了殷浩不分高低贵贱、乐于助人的品质。此外，仆人为了救治母亲即使被杀也心甘情愿，其孝心天地可鉴。

巧艺第二十一

题解

巧艺，指精巧的技艺，这里的艺主要指琴棋书画、建筑、骑射等技巧性、艺术性的技能。从本篇中可以看到古代建筑技术的伟大成就，还可以看到古代画家、书法家们特殊的艺术造诣以及他们对技艺的执着追求。

原文共十四则，本书选其中六则。

一

陵云台①楼观②精巧，先称平众木轻重，然后造构，乃无锱（zī）铢（zhū）③相负揭④。台虽高峻（jùn），常随风摇动，而终无倾倒之理。魏明帝登台，惧其势危，别以大材扶持之，楼即颓（tuí）坏。论者谓轻重力偏故也。

注释

① 陵云台：楼台名，在洛阳。
② 楼观：楼台观舍。
③ 锱铢：指微小的重量。锱和铢都是重量单位，有说六铢为一锱，四锱为一两。
④ 负揭：秤杆的下垂与翘起，这里指上下出入，本句形容建筑物的轻重等计算精确。

译文

陵云台的楼台构造精巧，建造之前先称过所有木材的轻重（使四面所用木材的重量相等），然后才建造，因此（四面）重量不差分毫。楼台虽然高峻，常随风摇摆，可是始终没有倒塌的可能。魏明帝登上陵云台，害怕它形势有危险，就另外用大木头来支撑它，楼台随即就倒塌了。当时的舆论认为是重心偏向一边的缘故。

考试重点字词

（1）**称**：称量。 （2）**惧**：担心。 （3）**势**：姿势，状态。

（4）**别**：另外。 （5）**颓**：倒塌。

点评

陵云台设计精巧，虽然高峻且随风摇摆，但有自身的平衡方法。魏明帝画蛇添足，破坏了它本身的平衡，导致坍塌，正所谓过犹不及啊！

二

戴安道①就范宣学，视范所为，范读书亦读书，范抄书亦抄书。唯独好画，范以为无用，不宜劳思于此。戴乃画《南都赋图》②，范看毕咨嗟，甚以为有益，始重画。

注释

① 戴安道：戴逵（kuí），字安道，不远千里到豫章去拜范宣为师。范宣精通经学，以讲诵为业，很看重戴逵。

② 《南都赋图》：根据汉代张衡作的《南都赋》所作的画。《南都赋》记述了汉朝旧都南阳的盛况。

译文

戴安道向范宣学习，处处模仿范宣的做法，范宣读书，他也读书，范宣抄书，他也抄书。但是他唯独喜欢绘画，范宣认为没有用处，不应该在这方面费心劳神。戴安道于是画了《南都赋图》，范宣看后赞叹不已，认为绘画很有好处，这才重视绘画。

考试重点字词

（1）**就**：向，从，跟。 （2）**亦**：表示两者同样，可译为"也""也是"。

（3）**好**：喜好。　（4）**乃**：于是，就。　（5）**毕**：完毕。

（6）**咨嗟**：赞叹。　（7）**重**：重视。

点评

戴安道博学多才，乐于向他人学习，且能坚持自己的个性和兴趣。

三

顾长康①画裴（péi）叔则②，颊（jiá）上益三毛。人问其故，顾曰："裴楷俊朗有识具③，正此是其识具。"看画者寻之，定觉益三毛如有神明④，殊胜未安时。

注释

① 顾长康：顾恺之，字长康，东晋画家、诗人。

② 裴叔则：裴楷，字叔则，三国魏及西晋大臣。

③ 识具：见识和才能。

④ 神明：指人的精神。

译文

顾恺之给裴叔则画像，在脸颊上多画了三根胡子。有人问他其中的原因，顾恺之说："裴楷俊逸爽朗，很有才识，这三根胡子恰恰是表现他的才识。"看画的人寻味起来，确实觉得增加了三根胡子才更有精神，远远胜过还没有添上胡子的时候。

考试重点字词

（1）**益**：增加，与"损"相对。　（2）**故**：原因。

（3）**正**：恰好。　（4）**定**：确实。　（5）**殊**：很，非常。

点评

顾恺之给裴叔则画像，通过三根胡须使画像更有神，可见顾恺之独特的艺术造诣。

四

　　王中郎以围棋是坐隐①，支公以围棋为手谈。

注释

①　坐隐：坐着隐居，是围棋的别名。围棋也叫作手谈，即"用手交谈"之意。

译文

　　北中郎将王坦之认为下围棋是坐着隐居，支道林认为围棋是用手交谈。

考试重点字词

　　（1）以：认为。　　　　　　（2）为：是。

点评

　　从短文中可见围棋是文人墨客喜爱的活动，是他们日常交际的方式之一。

五

　　顾长康画人，或数年不点目精①。人问其故，顾曰："四体②妍（yán）蚩（chī）③，本无关于妙处；传神④写照⑤，正在阿堵⑥中。"

注释

①　目精：眼珠。
②　四体：四肢，这里泛指形体。
③　妍蚩：同"妍媸（chī）"，美丑。
④　传神：指生动地表现出人物的神情意态。
⑤　写照：摹画人像。
⑥　阿堵：这个，此处指点睛之笔。

| 译 | 文 |

顾恺之画人像，有时几年不点眼珠。有人问他原因，他说："形体的美丑，本来和画的神妙之处没有什么关系；最能够传神的，就在这点睛的一笔当中。"

| 考试重点字词 |

（1）或：有时。　　（2）数：几。　　（3）本：本来。

| 成语 |

点睛之笔：指文章传神绝妙之处。

| 点评 |

顾恺之画人像随手即成，但有时几年都不点睛，并且指出画的精髓不在形体而在眼睛，足见其画艺高超。

六

顾长康道："画'手挥五弦'易，'目送归鸿'难（nán）。"①

| 注 | 释 |

① "顾长康"句：顾恺之常常用嵇康的四言诗的意境来作画。嵇康《赠秀才入军（其十四）》云："目送归鸿，手挥五弦。俯仰自得，游心太玄。"这首诗的意思是：一边目送着南归的鸿雁，一边信手挥弹五弦琴。一举一动都悠然自得，对大自然的奥妙能够心领神会，十分快乐。这里是评论画出这两种意境的难易。五弦：一种乐器，形似琵琶而小，有五根弦，用木片或手拨弹。

| 译 | 文 |

顾恺之谈论作画时说："要画出'手挥五弦'的动作很容易，要画出'目送归鸿'的神态就很难。"

考试重点字词

（1）**道**：说；谈论。

（2）**画**：名词用作动词，描绘，绘画。

（3）**易**：容易，与"难"相对。

成语

目送归鸿：① 指触景生情，遐想联翩。② 比喻悠远的寓意。

点评

"画'手挥五弦'易，'目送归鸿'难"的意思是：对于画家来说，运笔作画描绘人物动作并不难，而"目送归鸿"，涉及人物的精神活动，就远非易事了。

贬抑篇

宠礼第二十二

题解

宠礼的意思是礼遇尊荣，指的是得到帝王将相、三公九卿等的厚待，对古人来说，这是一种难得的荣誉。宣扬这些的目的主要有两个方面：一是表达对知遇之恩的感激，二是教导人们对厚待自己的人要感恩图报。

原文共六则，本书选其中一则。

王珣（xún）、郗（xī）超①并有奇才，为大司马所眷拔。珣为主簿（bù），超为记室参军。超为人多髯（rán），珣形状短小，于时荆州为之语曰："髯参军，短主簿，能令公喜，能令公怒。"

注释

① 郗超：东晋官员、书法家、佛学家，太尉郗鉴之孙，会稽内史郗愔之子。桓温很少推崇他人，但认为郗超深不可测，因此尽心礼待；而郗超也一心追随桓温。

译文

王珣和郗超两个人都有不同寻常的才能，受到大司马桓温的器重和提拔。王珣担任主簿，郗超担任记室参军。郗超的胡子很多，王珣的身材矮小，当时的荆州人给他们编了歌谣说："大胡子参军，矮个子主簿，能让桓公欢喜，也能让桓公发怒。"

考试重点字词

（1）为：被。　　（2）眷：器重。　　（3）拔：提拔。

（4）为：担任。　　（5）髯：胡子。

（6）之：他们，代王珣和郗超。　　（7）语：俗语，这里指歌谣。

点评

"能令公喜，能令公怒"，王珣和郗超作为官员，居然能牵动着大司马桓温的情绪变化，由此可见他们在桓温心中的重要地位，也可见恒温对他们的宠爱。

任诞第二十三

题解

任诞，指任性放纵。魏晋名士追求一种旷达的生活方式，他们主张言行不必遵守礼法，可以随心所欲，凭自己的秉性行事。在他们眼中，礼教是对人的一种束缚，只有不受约束，率性而为，才能回归自然，才是真正的名士风流。

原文共五十四则，本书选其中十三则。

一

陈留阮籍①、谯（qiáo）国嵇（jī）康、河内山涛，三人年皆相比，康年少亚之。预此契（qì）②者，沛（pèi）国刘伶③、陈留阮咸④、河内向秀⑤、琅邪（yá）⑥王戎。七人常集于竹林之下，肆（sì）意酣（hān）畅，故世谓竹林七贤。

注释

① 阮籍：字嗣（sì）宗，陈留尉氏（今河南省开封市）人，三国时期魏国诗人。
② 契：聚会，约会。（按：竹林七贤都是意气相投，纵酒清谈的著名人物）
③ 刘伶：字伯伦，沛国（今安徽省淮北市濉溪县临涣镇）人，魏晋时期名士。
④ 阮咸：字仲容，陈留尉氏（今河南省开封市）人。魏晋时期名士、文学家，步兵校尉阮籍之侄，与阮籍并称"大小阮"。

⑤ 向秀：字子期，河内怀县（今河南省武陟县）人，魏晋时期的文学家。

⑥ 琅邪：又作"琅玡""琅琊"，郡名，在今山东。

译文

　　陈留郡阮籍、谯国嵇康、河内郡山涛，三个人的年龄都相近，嵇康的年龄稍小些。参与他们聚会的人，还有沛国刘伶、陈留郡阮咸、河内郡向秀、琅邪郡王戎。他们七个人经常聚集在竹林之下，毫无顾忌地开怀畅饮，因此世人将他们称为"竹林七贤"。

考试重点字词

（1）**相比**：相仿，相近。　　（2）**预**：参与，参加。

（3）**集**：聚集。

点评

　　"竹林七贤"是三国魏正始年间的一个文人集团，由嵇康、阮籍、山涛、向秀、刘伶、王戎及阮咸七人组成。他们的行为放任洒脱，不受束缚。七人常常在竹林下聚会喝酒，酣畅淋漓，肆意而谈，表现出一种寄情山水、无拘无束的洒脱心态。

二

　　刘伶恒纵酒放达，或脱衣裸（luǒ）形在屋中。人见讥（jī）之，伶曰："我以天地为栋宇①，屋室为裈（kūn）②衣，诸君何为入我裈中？"

注释

① 栋宇：房屋。栋：屋的正梁。宇：屋檐。

② 裈：裤子。

译文

　　刘伶经常纵情饮酒，任性放诞，有时候脱光衣服赤身裸体待在屋里。有人看见了就嘲笑他，刘伶说：

"我把天地当作我的房子，把屋子当作我的衣裤，你们为什么跑到我的裤子里来？"

考试重点字词

（1）恒：经常。　　　　　　（2）或：有时。

（3）形：身体。　　　　　　（4）讥：嘲笑。

点评

　　刘伶好老庄之学，放任自由，不拘礼法，时常喝酒，甚至在屋内不穿衣物。当有人讥笑他时，他不但毫不介意，反而与对方打趣，实在是洒脱至极。

三

　　阮籍嫂尝还家，籍见与别。或讥之①，籍曰："礼岂为我辈设也？"

注释

① 或讥之：有人指责他。按礼制，叔嫂之间不能往来问询，所以有人认为阮籍不遵礼法而指责他。

译文

　　阮籍的嫂子曾经有次回娘家，阮籍去看她，和她道别。有人指责他，阮籍说："礼法难道是为我们这类人制定的吗？"

考试重点字词

（1）尝：曾经。　　　　　　（2）还家：回家，这里指回娘家。

（3）别：道别。　　　　　　（4）设：制定。

点评

　　从这篇小故事中，我们可以体会到阮籍不被礼法束缚、自由随性、随心所欲的特质。

四

阮籍当葬母，蒸一肥豚（tún）①，饮酒二斗，然后临诀（jué）②，直言："穷③矣！"都得一号，因吐血，废顿良久。

注释

① 豚：小猪。

② 临诀：向遗体告别。

③ 穷：穷尽；无奈。（按：当时孝子哭，按习俗一般会呼喊"穷"）

译文

阮籍安葬母亲的时候，蒸了一只小肥猪，喝了两斗酒，然后就去向母亲的遗体告别，直接说："完了！"总共才号哭了一声，就吐血了，精神不振了很久。

考试重点字词

（1）诀：诀别，告别。　（2）都：总共。　（3）号：哀号，痛哭。

（4）因：就。　（5）废顿：颓废，精神不振，疲惫不堪。

（6）良久：很久。

点评

阮籍虽放任不羁，不拘礼法，但面对母亲的离世，他再也无法做到洒脱任性，他的内心悲痛欲绝，整个人也因此颓丧了很久。

五

阮仲容①、步兵②居道南，诸阮居道北；北阮皆富，南阮贫。七月七日，北阮盛晒衣③，皆纱罗锦绮（qǐ）。仲容家以竿挂大布犊（dú）鼻裈（kūn）④于中庭，人或怪之，答曰："未能免俗，聊复尔耳！"

注释

① 阮仲容：阮咸，字仲容，阮籍的侄儿。
② 步兵：指阮籍。
③ 晒衣：晒衣服。七月七日晒衣裳是旧时的一种风俗，据说这样就不会受虫蛀。
④ 犊鼻裈：短裤，一说围裙。

译文

　　阮咸、步兵校尉阮籍住在路南，其他阮姓人住在路北；住在路北的阮姓人家都很富有，住在路南的阮姓人家则比较贫穷。七月七日，路北的阮姓人家大晒衣服，都是绫罗绸缎。阮咸家却用竹竿在院子里挂起一条粗布短裤，有人对他的做法感到奇怪，（他）回答说："（我）没能免除世俗的习惯，姑且再这样应付一回罢了！"

考试重点字词

（1）居：居住。
（2）诸：各个，这里表示"其他"。
（3）以：用。
（4）中庭：院子。
（5）怪：感到奇怪。
（6）聊：姑且。

成语

未能免俗：没能摆脱开自己不以为然的习俗。

点评

　　阮咸虽然生活贫穷，但他活得洒脱、随性。七月七日这天，阮咸也按照习俗晒出自己的粗布短裤，可见他任性而为、淡泊名利。

六

　　阮步兵丧母，裴令公往吊之。阮方醉，散发坐床，箕（jī）踞（jù）①不哭。裴至，下席于地，哭；吊唁（yàn）②毕，便去。或问裴："凡吊，主人哭，客乃为礼。阮既不哭，君何为哭？"裴曰："阮方外③之人，故不崇礼制。我辈俗中人，故以仪轨④自居。"时人叹为两得其中。

注释

① 箕踞：随意张开两腿坐着，形状像簸箕。
② 吊唁：有的版本作"吊嗿"，二者意义相同。
③ 方外：世俗之外。
④ 仪轨：礼法规矩，礼制。

译文

步兵校尉阮籍的母亲去世了，中书令裴楷去吊唁。阮籍刚刚喝醉了，披头散发、随意张开两腿坐在榻上，没有哭。裴楷到了后，在地上铺了席子，哭泣哀悼；吊唁完了，就离开了。有人问裴楷："凡去吊唁的，主人哭，客人才行礼。阮籍既然没哭，您为什么哭呢？"裴楷说："阮籍是世俗之外的人，所以不尊崇礼制。我们这种是世俗中人，所以自己要遵守礼制准则。"当时的人很赞赏这句话，认为对双方的评价都很得体。

考试重点字词

（1）吊：吊唁。　（2）方：刚刚。　（3）毕：结束。
（4）为礼：行礼。　（5）崇：尊崇。　（6）故：所以。

点评

裴楷为阮籍的母亲吊唁时，没有遵从"主人哭，客人才行礼"的传统礼节，自己一个人铺好席子就哭了起来，这既表明他是真心为阮籍母亲的离世而悲痛，也表明他清楚朋友阮籍的为人，理解朋友不拘礼法的行为。

七

刘道真①少时，常渔草泽，善歌啸②，闻者莫不留连。有一老姁（yù），识其非常人，甚乐其歌啸，乃杀豚进之。道真食豚尽，了不谢。姁见不饱，又进一豚。食半余半，乃还之。后为吏部郎，姁儿为小令史，道真超用之。不知所由，问母，母告之。于是赍（jī）③牛酒诣道真，道真曰："去，去！无可复用相报。"

注释

① 刘道真：刘宝，字道真，西晋人。
② 歌啸：亦称"啸咏"，一种歌唱形式，晋朝文人视其为风流逸态的表现。
③ 赍：携带。

译文

　　刘道真年轻时，常常到荒野湖沼去捕鱼，他擅长啸咏，听到的人没有不流连忘返的。有一个老妇人，知道他不是普通人，十分喜欢听他啸咏，就杀了头小猪送给他。刘道真吃完了小猪，一点儿也没道谢。老妇人看见（他）还没吃饱，又送（他）一头小猪。（刘道真）吃了一半，剩了一半，就（把剩下的）退还给了老妇人。后来（刘道真）担任了吏部郎，老妇人的儿子是个小令史，刘道真就越级提拔了他。他不知道为什么，就去问母亲，母亲告诉了他。于是（他）带着牛肉和酒去拜见刘道真，刘道真说："走吧，走吧！（我）没有什么可以再用来回报你的了。"

考试重点字词

（1）**渔**：捕鱼。　（2）**善**：擅长。　（3）**留连**：舍不得离开。

（4）**乐**：喜欢。　（5）**超用**：越级任用，超级提拔。

点评

　　老妇人送小猪给刘道真时，刘道真还年轻，他对老妇人的帮助无以为谢，因此没有言谢。但多年以后，当刘道真有能力和机会时，他没有忘记老妇人的恩情，帮助了老妇人的儿子，并拒绝了对方的谢礼，这表明他知恩图报，而且不是个贪婪之辈。

八

祖车骑①过江时，公私俭薄②，无好服玩③。王、庾（yǔ）诸公共就祖，忽见裘（qiú）袍重叠，珍饰盈列。诸公怪问之，祖曰："昨夜复南塘④一出⑤。"祖于时恒自使健儿鼓行⑥劫钞⑦，在事之人亦容而不问。

注释

① 祖车骑：祖逖（tì），死后赠车骑将军。西晋末过江，任徐州刺史、军谘（zī）祭酒，性格放达，不拘小节，常怀收复中原之志，宾客皆勇士，当时扬州闹饥荒，他门下的宾客常劫掠富户，舆论因此轻视祖逖。这一则故事说的就是祖逖派勇士去打劫的事情。

② 俭薄：不富裕。

③ 服玩：服饰器具和玩赏的物品。

④ 南塘：秦淮河南岸。塘，堤岸。

⑤ 一出：去一回，走一趟。

⑥ 鼓行：击鼓行进，指明目张胆、无所顾忌地做。

⑦ 劫钞：抢劫。

译文

车骑将军祖逖过江（到南方）时，国家、个人都不富裕，没有什么好的服饰和玩物。王导、庾亮等人一起去看望祖逖，忽然看见皮袍堆积得一层又一层，珍宝和服饰在陈列架上也排得满满的。大家都感到很奇怪，就问他，祖逖说："昨天夜里又到南塘走了一趟。"祖逖在当时经常亲自派部下公然抢劫，当政的人也容忍（他的作为）而不加过问。

考试重点字词

（1）公私：国家和个人。　（2）就：看望。

（3）忽：忽然。　（4）盈：满满的。

点评

一提起祖逖，大家最先想到的多是"闻鸡起舞"的故事，祖逖的勤奋被我们熟知。但他绝不是个书呆子，正如本篇所讲，在初过江国家和个人都不富裕之时，他纵容自己的部下去抢劫富户，当朋友们问起时，他也直言不讳，毫无顾忌，表现了他做事光明磊落的特点。

九

苏峻乱，诸庾逃散。庾冰①时为吴郡，单身奔亡。民吏皆去，唯郡卒独以小船载冰出钱塘口，簾（qú）篨（chú）②覆之。时峻赏募觅冰，属所在③搜检甚急。卒舍船市渚，因饮酒醉，还，舞棹（zhào）向船曰："何处觅庾吴郡，此中便是！"冰大惶怖，然不敢动。监司④见船小装狭，谓卒狂醉，都不复疑。自送过浙（zhè）江⑤，寄山阴魏家，得免。后事平，冰欲报卒，适其所愿。卒曰："出自厮下⑥，不愿名器⑦。少苦执鞭⑧，恒患不得快饮酒。使其酒足余年，毕矣。无所复须。"冰为起大舍，市奴婢（bì），使门内有百斛（hú）⑨酒，终其身。时谓此卒非唯有智，且亦达生⑩。

| 注 释 |

① 庾冰：庾亮的弟弟，曾任吴国内史（即文中的"为吴郡"）。（按：苏峻叛乱时，曾遣兵攻庾冰，庾冰抵挡不住，弃郡奔会稽。后领兵攻苏峻，直达京城。）

② 簾篨：用竹或苇编成的粗席。

③ 所在：到处，各处。

④ 监司：负责监察的官员。

⑤ 浙江：浙江的古名，即钱塘江。

⑥ 厮下：杂役，地位卑下的仆役。

⑦ 名器：官爵和车服等标志名位、等级的器物，名，等级称号；器，车服仪制。

⑧ 执鞭：拿鞭子赶车，喻指为他人服役，供人驱使。

⑨ 斛：中国旧量器名，亦是容量单位，一斛本为十斗，后来改为五斗。

⑩ 达生：指看透人生、不受世事牵累的处世态度。

| 译 文 |

　　苏峻发动叛乱时，庾姓一族的人都逃散了。庾冰当时担任吴国内史，只身逃亡。百姓和官吏都离散了，只有郡衙里一个差役独自用小船载着庾冰逃出钱塘江口，用粗布席子盖住他。当时苏峻悬赏搜捕庾冰，要求各处搜查，非常紧急。那个差役离开小船到小洲上去买东西，喝醉了酒回来，舞着船桨对着小船说："哪里去找庾吴郡，这里面就是！"庾冰

（听了）非常害怕，却不敢动。监司看见这条船小而狭窄，认为是差役喝醉后胡说的，就不再怀疑。差役（把庾冰）送过钱塘江，寄住在山阴县魏家，得以脱险。后来叛乱被平定了，庾冰想要报答那个差役，满足他的愿望。差役说："我出身于仆役，不想当官。（只是）从小就辛苦地当奴仆，经常忧虑不能痛快地喝酒。如果能让我余生有足够的酒喝，就满足了。不再需要其他的了。"庾冰为（他）建了一所大房子，买来奴婢，让他家里有上百斛酒，一直供养完他终生。当时的人都说这个差役不仅有智慧，而且对人生也很达观。

考试重点字词

（1）**单身**：一个人。　（2）**民吏**：百姓和官吏。　（3）**唯**：只有。

（4）**覆**：遮盖。　（5）**觅**：寻找，这里指抓捕。

（6）**惶怖**：害怕。　（7）**狭**：狭窄。　（8）**报**：报答。

（9）**适**：满足。　（10）**患**：忧虑，担心。　（11）**市**：买。

点评

故事中的差役虽然身份十分普通，但他却救庾冰于危难之中，且面对官兵的搜查临危不乱，机智勇敢。更为难能可贵的是他的人生态度，不慕权贵，有酒即可，这份旷达，值得钦佩。

十

桓（huán）车骑①在荆州，张玄②为侍中，使至江陵，路经阳岐（qí）村。俄见一人持半小笼生鱼，径（jìng）来造船，云："有鱼欲寄③作脍④（kuài）。"张乃维舟而纳之，问其姓字，称是刘遗民⑤。张素闻其名，大相忻（xīn）⑥待。刘既知张衔（xián）命⑦，问："谢安、王文度⑧并佳不？"张甚欲话言，刘了无停意。既进脍，便去，云："向得此鱼，观君船上当有脍具，是故来耳。"于是便去。张乃追至刘家。为设酒，殊不清旨⑨，张高其人，不得已而饮之。方共对饮，刘便先起，云："今正伐荻（dí）⑩，不宜久废。"张亦无以留之。

注释

① 桓车骑：桓冲，东晋时期名将。

② 张玄：有的版本作"张玄之"。

③ 寄：委托。

④ 脍：细切的鱼。

⑤ 刘遗民：刘骥之，字子骥，东晋隐士。

⑥ 忻：同"欣"，高兴，愉悦。

⑦ 衔命：奉命。（按：刘遗民是个隐士，知道张玄是官场中人，就不愿和他深谈了。）

⑧ 王文度：王坦之，字文度，与谢安同为东晋政治家。

⑨ 清旨：清澈，味美。

⑩ 荻：一种像芦苇的草。

译文

　　桓冲任荆州刺史时，张玄任侍中，出使到江陵，经过阳岐村，不久他看见一个人拿着半小筐活鱼，径直走到船旁来，说："（我）有点鱼，想托（你们）切成鱼片。"张玄就系好船让他上来，问他的姓名，（他）说叫刘遗民。张玄平素听说过他的名声，就非常高兴地接待了他。刘遗民知道张玄是奉命出行，问道："谢安和王文度都还好吗？"张玄十分想和他谈论一番，刘遗民却没有一点儿停留的意思。鱼片切好送进来以后，（刘遗民）就要离开，说："刚才得到这些鱼，看您的船上应当有切鱼片的刀具，所以才来的。"于是就走了。张玄就追着到了刘家。（刘遗民）为（他）置办了酒，酒色很不清澈，酒味也不好，张玄敬重他的为人，不得已喝了酒。正要一起对饮时，刘遗民就先站起来，说："今天正是割荻草的时候，不宜停工太久。"张玄也没有办法留下。

考试重点字词

（1）**使**：出使。　（2）**俄**：片刻，不久。　（3）**持**：拿着。

（4）**径**：直接。　（5）**维**：系。　（6）**纳**：接纳，接待。

（7）**素**：向来，平素。　（8）**是故**：因此，所以。　（9）**废**：停止。

点评

　　刘遗民靠近张玄只是为了借刀具切鱼片，别无他意。刘遗民和张玄两个人，一个归隐，一个当官，人生选择不同，所以当张玄想与刘遗民多谈几句时，刘遗民才一副"拒人于千里之外"的样子。

十一

　　襄阳罗友①有大韵，少时多谓之痴。尝伺人祠，欲乞食，往太蚤（zǎo），门未开。主人迎神出见，问以非时何得在此，答曰："闻卿祠，欲乞一顿食耳。"遂隐门侧，至晓得食便退，了无怍（zuò）容②。为人有记功③，从桓宣武平蜀，按行④蜀城阙⑤观宇，内外道陌⑥广狭，植种果竹多少，皆默记之。后宣武漂洲⑦与简文集，友亦预焉。共道蜀中事，亦有所遗忘，友皆名列，曾无错漏。宣武验以蜀城阙簿，皆如其言，坐者叹服。谢公云："罗友讵（jù）减魏阳元⑧。"后为广州刺史，当之镇，刺史桓豁⑨（huò）语令莫⑩来宿，答曰："民已有前期，主人贫，或有酒馔（zhuàn）之费，见与甚有旧。请别日奉命。"征西密遣人察之，至夕乃往荆州门下书佐⑪家，处之怡然，不异胜达⑫。在益州，语儿云："我有五百人食器。"家中大惊，其由来清，而忽有此物，定是二百五十沓（tà）⑬乌椑（lěi）⑭。

注释

① 罗友：字宅仁，襄阳人。桓温任荆州刺史时，他任刺史属下的从事。后出任襄阳太守，累任广州、益州刺史。

② 怍容：羞愧的表情。

③ 记功：记忆力。

④ 按行：巡视。

⑤ 城阙：都城，这里指李势盘踞的成都。

⑥ 道陌：街道，道路。

⑦ 漂洲：当作"溧洲"，因形近而误。

⑧ 魏阳元：魏舒，字阳元，官至司徒。《晋书·魏舒传》只说他小时聪明，后有德望，没有说及他记忆力强的事。

⑨ 桓豁：东晋将领，宣城太守桓彝第三子、大司马桓温的弟弟。

⑩ 莫：通"暮"，傍晚，晚上。

⑪ 书佐：刺史的属官，主管起草文书等事。

⑫ 胜达：名流和显贵。

⑬ 沓：一沓指一套。

⑭ 乌樏：有格子的不上油漆的黑食盒，多用于清贫之家，一沓可供两人用，所以二百五十沓就是五百人的食器。

译文

襄阳人罗友有突出的风度，但年少时很多人说他痴傻。他曾经听说有人要祭神，就想去讨点儿吃的，但去得太早了，门还没开。主人出来迎神时看见他，就问他还不到时候为什么在这里，（他）回答说："听说您祭神，想讨一顿吃的罢了。"便躲到门边，到天亮，得了吃的便走了，一点儿羞愧的神色都没有。（他）记忆力强，曾随从桓温平定蜀地，他巡视蜀中城池楼阁屋宇，城内外大小道路的宽窄，种植的果木、竹林的多少，都默默地记在了心里。后来桓温在溧洲和简文帝会面，罗友也参与其中。（他们）一起谈及蜀地的情况，也有所遗忘，罗友却一一列出名目，竟然没有一点儿错误和遗漏的地方。桓温拿记载蜀地都城情况的簿册来验证，都像他说的那样，在座的人都很赞叹佩服。谢安说："罗友可不比魏阳元差。"后来（罗友）出任广州刺史，当（他）要去赴任的时候，荆州刺史桓豁让他晚上来往宿，（他）回答说："下民已经有约在先，那家主人贫困，或许会破费钱财置办酒食，我跟他有很深的老交情了，（不能不赴约。）请允许我改日再奉命拜访。"桓豁暗中派人观察他，到了晚上他竟到荆州刺史的属官书佐家去，（在那里）和主人相处得很愉快，和对待名流显贵没有什么不同。任益州刺史时，（他）对儿子说："我有供五百人吃饭的食具。"家里人大吃一惊，他向来清廉，却突然有这些东西，（家人）估计一定是二百五十沓黑色的食盒。

考试重点字词

（1）大韵：突出的风度。　　（2）痴：傻。

（3）蚤：通"早"。　　（4）隐：躲避。　　（5）晓：天亮。

（6）怍：羞愧。　　（7）陌：小路。　　（8）由来：向来。

点评

罗友的生活作风艰苦朴素，不管贫穷与富贵，都保持着简朴的生活习惯，一生为官清正廉洁，颇受民众爱戴。

十二

王子猷（yóu）^①居山阴^②。夜大雪，眠觉，开室命酌酒。四望^③皎（jiǎo）然。因起彷徨。咏左思《招隐》^④诗，忽忆戴安道^⑤。时戴在剡（shàn）^⑥，即便夜乘小船就之。经宿方至，造门不前而返。人问其故，王曰："吾本乘兴而行，兴尽而返，何必见戴！"

注释

① 王子猷：王徽之，字子猷，东晋名士，书法家。
② 山阴：县名，在今浙江省绍兴市柯桥区。（按：王子猷弃官东归，住在山阴县。）
③ 四望：向四处眺望。
④ 《招隐》：左思的归隐诗作。左思是西晋时期的著名诗人，他创作的《招隐》诗共两首，通过描写隐士的生活和居住环境，表达了诗人不与世俗同流合污的决心。
⑤ 戴安道：戴逵，字安道，东晋隐士。
⑥ 剡：剡县，今浙江省嵊州市。有剡溪可通山阴县。

译文

王子猷住在山阴县。有一夜下大雪，他睡觉醒来，打开房门，叫人倒酒给他喝。他眺望四方，一片皎洁明亮。于是起身徘徊。（他）吟诵左思的《招隐》诗，忽然想起戴安道。当时戴安道住在剡县，（他）立即连夜坐小船去拜访他。船行了一夜才到，到了戴家门口没有进去就返回了。有人问他原因，王子猷说："我本来就是趁着一时的兴致去的，兴尽了就回来，何必一定要见到戴安道呢！"

考试重点字词

（1）觉：醒来。　　（2）室：门。　　（3）彷徨：徘徊。
（4）宿：一夜。　　（5）方：才。　　（6）造：到……去。

点评

王子猷当真是性情中人，"乘兴而行"，毫不犹豫，说走而走；"兴尽而返"，何必非要到达目的地呢？这种随心所欲、潇洒率真的个性，正反映了当时东晋士族知识分子任性放达的精神风貌。

十三

王孝伯①问王大②："阮籍③何如司马相如④？"王大曰："阮籍胸中垒（lěi）块，故须酒浇之。"

注释

① 王孝伯：王恭，字孝伯，东晋大臣。

② 王大：王忱，东晋大臣。

③ 阮籍：三国时期魏国诗人，本有济世之志，后纵酒谈玄，不问世事。

④ 司马相如：字长卿，汉代著名的辞赋家，他不慕高爵，常托疾避官。

译文

王孝伯问王大："阮籍和司马相如比起来怎么样？"王大说："阮籍的胸中郁积着不平之气，所以需要借酒浇愁。"

考试重点字词

（1）**何如**：比起……来怎么样。　　（2）**胸中**：心中。

（3）**垒块**：比喻胸中郁积的不平之气。　（4）**须**：需要。

成语

借酒浇愁：指用酒来浇灭郁积在心中的气愤或愁闷。

点评

阮籍和司马相如都很有才华，然而，司马相如深得汉武帝的赏识，而阮籍则生不逢时，抑郁不得志，又生性放达，喜爱喝酒，常常借酒消愁。

简傲第二十四

题解

简傲，即高傲，也就是傲慢失礼。魏晋时期，士族阶层因为享有各种特权，常常自命不凡、轻视他人。他们中很多人认为自己的身份高人一等，因此处处都想彰显自己与众不同的高贵身份。当然，在他们之中，也有蔑视礼教等级的名士，其中最著名的要数放荡不羁的嵇康了。

原文共十七则，本书选其中四则。

晋文王①功德盛大，坐席②严敬，拟于王者。唯阮籍在坐，箕（jī）踞（jù）③啸歌，酣（hān）放④自若。

注释

① 晋文王：司马昭，先被封为晋公，后又被封为晋王，死后谥为文王。阮籍在世时，他只是晋公。
② 坐席：这里指满座的人。
③ 箕踞：指随意张开两腿坐着，形似簸箕，在当时是一种非常失礼的坐法。
④ 酣放：尽情地饮酒。

译文

晋文王的功劳很大，德望很高，座上的客人都对他十分敬重，把他比作君王。只有阮籍在座上伸开两腿坐着，啸咏歌唱，痛饮放纵，神态自在。

考试重点字词

（1）**盛**：非常。　　　（2）**拟于**：比作。　　　（3）**唯**：只有。

点评

　　面对众人都很敬重的晋文王司马昭，阮籍仍旧随心所欲，酣放自若。这说明阮籍的本性如此，不管对方是谁，他都放纵不羁，旁若无人。

二

　　钟士季[1]精有才理，先不识嵇（jī）康；钟要（yāo）于时贤俊之士，俱往寻康。康方大树下锻，向子期[2]为佐[3]鼓排[4]。康扬槌（chuí）不辍（chuò），傍若无人，移时[5]不交一言。钟起去，康曰："何所闻而来？何所见而去？"钟曰："闻所闻而来，见所见而去。"

注释

① 钟士季：钟会，字士季，三国时期魏国军事家，因访问嵇康受到冷遇，怀恨在心，后借故在司马昭前诬陷嵇康，致使嵇康被杀害。
② 向子期：向秀，字子期，与嵇康同为"竹林七贤"成员。
③ 佐：辅助。
④ 排：风箱。
⑤ 移时：过了很长时间。

译文

　　钟士季有精深的才思，先前不认识嵇康；钟士季邀请了当时一些才德出众的人士，一起去寻访嵇康。嵇康正在大树下打铁，向子期打下手为他拉风箱鼓风。嵇康挥动铁槌不停地捶打，好像身旁没有人一样，过了很久也不和他们说一句话。钟士季起身要离开，嵇康才说："听到了什么才来的？看到了什么才走的？"钟士季说："听到了所听到的才来，看到了所看到的才走。"

考试重点字词

（1）要：通"邀"，邀请。　　　　（2）俱：共同，一起。

（3）方：正。　（4）锻：打铁。　（5）辍：停止。

（6）若：好像。　（7）何：什么。　（8）闻：听说。

点评

　　钟士季虽然很有才能，但心胸狭窄。嵇康本性放达，不拘小节，但在一些人看来也太过傲慢。钟士季特意前往拜见嵇康，却被嵇康冷落，心里自然不是滋味，以致后来钟士季对嵇康怀恨在心，借故在司马昭面前诬陷嵇康，害死了他。

三

　　嵇康与吕安善，每一相思，千里命驾①。安后来，值康不在，喜②出户延之，不入，题门上作"凤"字而去。喜不觉（jué），犹以为欣，故作。"凤"③字，凡鸟也。

注释

① 每一相思，千里命驾：语出《晋书·嵇康传》："东平吕安服康高致，每一相思，辄千里命驾。"

② 喜：嵇喜，嵇康的哥哥，曾任扬州刺史。

③ 凤：繁体字作"鳳"，由"凡""鸟"两个字组合而成。"凡鸟"比喻平凡的人物。（按：吕安轻视权贵，看不起嵇喜这种凡俗之士，所以用这个字来表示轻蔑。）

译文

　　嵇康和吕安关系很好，每当想念对方，即使相隔千里，也会立刻驾车前去相会。后来有一次，吕安到来时，正碰上嵇康不在家，嵇喜出门来邀请他进去，（吕安）不进门，只在门上题了个"凤"字就离开了。嵇喜没有觉察吕安的用意，还觉得他是因为高兴，所以才写的"凤"字。"凤"字，就是凡鸟啊。

考试重点字词

（1）**值**：遇到，恰逢。　　（2）**延**：邀请。

（3）**去**：离开。　　　　　　（4）**犹**：还。

点评

"凤"的繁体字"鳳"拆开是"凡""鸟"二字。吕安没有见到自己的好朋友嵇康，嵇喜跑出来迎接他，他却嘲笑对方是凡鸟，着实有些傲慢。

四

　　王子敬①自会（kuài）稽（jī）经吴，闻顾辟疆②有名园，先不识主人，径往其家。值顾方集宾友酣燕③，而王游历既毕，指麾（huī）④好恶，傍若无人。顾勃然不堪曰："傲主人，非礼也；以贵骄人，非道也。失此二者，不足齿⑤之，伧（cāng）⑥耳。"便驱其左右出门。王独在舆（yú）上，回转顾望，左右移时不至，然后令送著门外，怡然不屑。

注释

① 王子敬：王献之，字子敬，东晋官员、书法家，是王羲之的儿子。

② 顾辟疆：吴郡人，家有名园，号称吴中第一。

③ 燕：通"宴"，宴会。

④ 指麾：同"指挥"，指点。

⑤ 齿：谈论。

⑥ 伧：吴人称中州人为伧，含鄙薄意，相当于"粗俗之人"。

译文

　　王子敬从会稽郡经过吴郡，听说顾辟疆有座名园，（他）原先并不认识主人，却还是径直去了主人家。正遇上顾辟疆在和宾客朋友们设宴畅饮，可是王子敬游完名园后，指指点点地评论优劣，好像旁边没有别人一样。顾辟疆难以忍受，愤怒地说道："对主人傲慢，这是无礼；凭着高贵的身份傲慢地对待别人，这是无理。失去了这两条原则的人，不值得一提，只是粗俗之人罢了。"（说完）就把他的随从赶出门去。王子敬独自坐在轿子里，左顾右盼，随从们过了很久也没来，然后他就让主人把他送出门外，摆出一副愉快不在乎的样子。

考试重点字词

（1）自：从。　　（2）毕：完。　　（3）堪：忍受。

（4）舆：轿子。　　（5）顾：回头看。

点评

王子敬去参观别人的园子，却十分傲慢，完全不考虑主人的感受，仅凭个人的好恶指指点点，将主人的颜面抛到九霄云外，这种做法十分无礼，不值得提倡。

排调第二十五

题解

排调（tiáo）的意思是戏弄嘲笑。本篇记载了很多与排调有关的小故事，从这些故事中，我们既能看到嘲笑、戏弄、讽刺、反击和劝告，也能看到亲友之间的相互玩笑，读来令人觉得既充满智慧，又轻松幽默。除此之外，我们还能从中窥见当时士人交往的特点：要机智，善于应对，在交谈时要做到语言简练、机变有锋，又要大方得体，击中要害。这些也是魏晋风度的重要表现。

原文共六十五则，本书选其中二十二则。

一

嵇、阮、山、刘在竹林酣饮，王戎后往，步兵曰："俗物①已复来败人意②！"王笑曰："卿辈意亦复可败邪？"

注释

① 俗物：俗人，魏晋时名士以脱离世务为清高，常以"俗物"骂那些和自己不相合的人。

② 败人意：败坏人家的意兴，犹言扫兴、败兴。

译文

嵇康、阮籍、山涛、刘伶在竹林中畅快地喝着酒，王戎后到，阮籍说："你这俗物又来败坏我们的意兴！"王戎笑着说："你们这些人的意兴也是能败坏的吗？"

（1）酣：畅快。　　　　　（2）往：到。

（3）意：意兴。　　　　　（4）败：败坏。

点评

　　阮籍的调侃"俗物已复来败人意"是说王戎这个俗人败坏了他们这一群高雅人士的意兴，戏说王戎和他们相比，是个俗人。而王戎的反问则巧妙地反讽了对方：真正的高雅之士，他们的意兴哪儿能被俗人败坏呢？

二

　　孙子荆[①]年少时欲隐，语（yù）王武子[②]"当枕石漱（shù）流"，误曰"漱石枕流"。王曰："流可枕，石可漱乎？"孙曰："所以枕流，欲洗其耳[③]；所以漱石，欲砺（lì）其齿。"

注释

① 孙子荆：孙楚，字子荆，晋朝人。

② 王武子：王济，字武子，晋朝人。

③ 洗其耳：清洗自己的耳朵，比喻不愿意过问世事。传说尧想召隐士许由为九州长，许由听说这话，认为脏了自己的耳朵，就到河边洗耳。

译文

　　孙子荆年轻的时候想要隐居，就对王武子说"应当去枕石漱流"，却口误说成了"漱石枕流"。王武子说："流水可以枕，石头可以漱口吗？"孙子荆说："（我）用流水当枕头，是为了清洗自己的耳朵；（我）用石头漱口，是为了磨砺自己的牙齿。"

考试重点字词

（1）隐：隐居。　　　　　（2）语：告诉，对……说。

（3）其：自己的。　　　　　　（4）砺：磨砺。

成语

枕石漱流：用石头做枕头，用流水漱口，指隐居生活。

点评

孙子荆一时口误，将"枕石漱流"误说成了"漱石枕流"，朋友王武子听了反问他，孙子荆却灵机一动，十分巧妙地"因错就错"，解释了自己"漱石枕流"的原因，扭转了说错话的尴尬局面。

三

诸葛令①、王丞相共争姓族先后②，王曰："何不言葛③、王，而云王、葛？"令曰："譬（pì）言驴马，不言马驴，驴宁（nìng）胜马邪？"

注释

① 诸葛令：诸葛恢，字道明，当时任尚书令。
② 争姓族先后：争论姓氏家族的先后顺序。姓族：姓氏家族。
③ 葛：诸葛氏原为葛氏，后称诸葛。

译文

尚书令诸葛恢和丞相王导一起争论姓氏家族的先后，王导说："为什么不说葛、王，而说王、葛呢？"诸葛恢说："这就比如说驴马，而不说马驴，难道是说驴胜过马吗？"

考试重点字词

（1）争：争论。　　　　　　（2）云：说。

（3）譬言：比如说。　　　　（4）宁：难道。

面对王导"何不言葛、王，而云王、葛"的质问，诸葛恢巧妙地举出了"驴马"的例子，说明姓氏的排名先后并不代表什么实质性的问题，表现出诸葛恢的机智。

四

王公与朝士①共饮酒，举琉璃碗谓伯仁②曰："此碗腹殊空，谓之宝器，何邪③？"答曰："此碗英英④，诚为清彻，所以为宝耳⑤。"

注 释

① 朝士：周代官名，后泛称朝廷官吏。
② 伯仁：周颉（yǐ），字伯仁，晋朝大臣。
③ 邪：句末语气词，表反问，相当于"呢"。
④ 英英：晶莹剔透的样子。
⑤ 耳：句末语气词，表肯定，相当于"罢了"。

译 文

王导和朝廷的官员一起饮酒，他举起琉璃碗对周伯仁说："这个碗腹内空空，还称它是宝器，为什么呢？"周伯仁回答说："这只碗晶莹剔透，确实纯净透明，这就是它能成为宝器的原因啊。"

考试重点字词

（1）殊：很，非常。　　（2）何：为什么。
（3）诚：确实。　　　　（4）宝：宝器。

点评

周伯仁知道王导是在借琉璃碗嘲笑自己无能，因此他回答说"此碗英英，诚为清彻"，不仅是在说琉璃碗的优点，也是在暗指自己的优点。

五

王长豫①幼便和令②，丞相爱恣③（zì）甚笃。每共围棋，丞相欲举行，长豫按指不听。丞相笑曰："讵（jù）得④尔？相与似有瓜葛（gé）⑤。"

注释

① 王长豫：王悦，字长豫，是丞相王导的儿子。
② 和令：温和而善良。
③ 爱恣：溺爱。
④ 讵得：岂能，怎能。
⑤ 瓜葛：瓜、葛都是蔓生植物，比喻有一定牵连、关系，此处比喻亲戚关系。

译文

王长豫小的时候就很温和善良，丞相王导十分疼爱他。每次（父子两人）一起下围棋，王导要举棋落子时，长豫就按着（他的）指头不让动。王导笑着说："（你）怎么能这样做，我们彼此之间似乎还有些亲戚关系呢。"

考试重点字词

（1）笃：很，非常。　　（2）共：一起。　　（3）举：拿着。

点评

王导用"瓜葛"来调侃自己和儿子的关系，丝毫不见父亲的威严，表现出了他对儿子的宠爱之情。

六

王丞相枕周伯仁膝，指其腹曰："卿此中何所有？"答曰："此中空洞无物，然容卿辈数百人。"

译文

丞相王导枕着周伯仁的膝盖，指着他的肚子说："你这里面有什么东西？"周伯仁回答说："这里面空荡荡的没有东西，但是却能容纳下几百个像你这样的人。"

考试重点字词

（1）腹：肚子。

（2）卿：对对方表示亲热或随便的称呼。

（3）然：但是。

成语

空洞无物：没有什么内容。多指言谈、文章极其空泛。

点评

单是从王导枕周伯仁的膝盖这一行为，就足见二人关系之亲密。当王导戏问周伯仁的肚子中装着什么时，周伯仁的回答机智而幽默，一方面表现出了他与王导之间深厚的情谊，另一方面也在一定程度上表达了自己的胸怀宽广。

七

干宝①向刘真长②叙其《搜神记》，刘曰："卿可谓鬼之董狐③。"

注释

① 干宝：字令升，博学多才，曾任散骑常侍。其著作《搜神记》是魏晋志怪小说的代表，所记多为神怪灵异之事，其中保存了很多神话传说和民间故事。

② 刘真长：刘惔，字真长。

③ 董狐：春秋时晋国太史。他不畏强权，秉笔直书，敢于坚持史官的记事原则，素有"古之良史"之称。

| 译 文 |

干宝向刘真长叙说他的《搜神记》，刘真长说："你可以称得上是记鬼神史的董狐。"

| 考试重点字词 |

叙：叙说。

| 点评 |

董狐是春秋时著名的史官，刘真长称干宝是为鬼神写史的董狐，是说他知道很多鬼神的故事，就像知道鬼神的历史一样，夸赞干宝是个精通鬼神故事的人。

八

何次道①往瓦官寺②，礼拜③甚勤。阮思旷④语之曰："卿志大宇宙，勇迈⑤终古。"何曰："卿今日何故忽见推？"阮曰："我图数千户郡，尚不能得；卿乃图作佛，不亦大乎？"

| 注 释 |

① 何次道：何充，字次道，晋朝官员。
② 瓦官寺：佛寺名，在今南京，始建于东晋兴宁二年（公元 364 年）。
③ 礼拜：向神佛行礼。
④ 阮思旷：阮裕，字思旷，阮籍族弟。
⑤ 迈：超越。

| 译 文 |

何次道到瓦官寺，顶礼拜佛很频繁。阮思旷对他说："你的志向比宇宙还大，勇气超越古人。"何次道说："你今天为什么忽然推崇起我来？"阮思旷说："我谋求几千户的小郡郡守之职，尚且得不到；你却谋求成佛，这个志向还不够大吗？"

（1）**勤**：经常。　　（2）**勇**：勇气。　　（3）**故**：原因。

（4）**推**：推崇。　　（5）**图**：谋求。　　（6）**作**：成为。

点评

阮思旷用"卿志大宇宙，勇迈终古"来笑侃何次道的拜佛行为，幽默而有趣，增添了朋友间相处的乐趣。

九

桓大司马乘雪欲猎，先过王、刘诸人许。真长见其装束单急①，问："老贼②欲持此何作？"桓曰："我若不为此，卿辈亦那（nǎ）得坐谈③？"

注释

① 单急：服装轻便紧身，指穿戎装。

② 老贼：朋友间的戏称，老家伙。

③ "我若"句：桓温穿的是戎装，所以这样说。

译文

大司马桓温趁着下雪想去打猎，先去了王仲祖、刘真长的住处拜访。刘真长看见他身着戎装，问道："老家伙穿着这身衣服要做什么？"桓温说："我如果不穿这种衣服，你们这些人哪能闲坐在这里清谈呢？"

考试重点字词

（1）**乘**：趁着。　　（2）**过**：拜访。　　（3）**若**：如果。

点评

刘真长看见自己的朋友桓温身着戎装，便问他"老贼欲持此何作"，而桓温也非常幽默地打趣道"我若不为此，卿辈亦那得坐谈"，一问一答，表现了朋友间交谈的轻松、幽默。

十

王、刘每不重蔡公①。二人尝诣（yì）蔡，语良久，乃问蔡曰："公自言何如夷甫②？"答曰："身不如夷甫。"王、刘相目③而笑曰："公何处不如？"答曰："夷甫无君辈客。"

注释

① 蔡公：蔡谟（mó），字道明，晋朝官员。

② 夷甫：王衍，字夷甫，晋朝官员。

③ 相目：相看；互相使眼色。

译文

王濛、刘惔常常不尊重蔡谟。两人曾经去看望蔡谟，谈了很久之后，竟然问蔡谟说："您自己说说看，您和王夷甫相比，怎么样？"（蔡谟）回答说："我比不上王夷甫。"王濛和刘惔相视而笑，说："您什么地方比不上他？"（蔡谟）回答说："王夷甫没有你们这样的客人。"

考试重点字词

（1）每：常常。　　（2）重：尊重。　　（3）诣：拜访，看望。

（4）良：很。　　（5）乃：竟然。

点评

蔡谟面对王濛、刘惔二人不怀好意的刁难，十分巧妙地反讽了对方。

十一

张吴兴①年八岁，亏齿，先达知其不常，故戏之曰："君口中何为开狗窦（dòu）？"张应声答曰："正使君辈从此中出入。"

注释

① 张吴兴：张玄之，字祖希，曾任吴兴太守。

译文

吴兴太守张玄之八岁时，缺了门牙，前辈贤达知道他不同寻常，故意戏弄他说："你的嘴里为什么开狗洞？"张玄之应声回答说："正是为了让你们这样的人从这里出入。"

考试重点字词

（1）亏：缺。　　（2）常：寻常。　　（3）戏：戏弄。

（4）窦：洞。　　（5）应声：随着声音，形容快速。

（6）使：让。

点评

张玄之小时候因为掉了门牙而遭到别人的戏弄，虽然他当时只有八岁，但却十分迅速地反击了回去，可见他少年时就聪慧过人。

十二

谢公始有东山之志①，后严命②屡臻（zhēn），势不获已，始就桓公司马。于时人有饷（xiǎng）桓公药草，中有远志③。公取以问谢："此药又名小草，何一物而有二称？"谢未即答。时郝（hǎo）隆④在坐，应声答曰："此甚易解。处则为远志，出则为小草⑤。"谢甚有愧色。桓公目谢而笑曰："郝参军此过乃不恶，亦极有会⑥。"

注释

① 东山之志：隐居的念头。

② 严命：严厉的命令，指朝廷征召的命令。

③ 远志：草药名。根名远志，苗名小草。

④ 郝隆：字佐治，东晋官员。

⑤ "此甚"句："处"和"出"明指埋在土中和露出地面，暗指隐居和出仕，语意双关，以讥笑谢安。

⑥ 会：兴会，意趣。

译文

　　谢安起初有隐居的念头，后来朝廷征召的命令多次下达，情势不得已，才就任了桓温属下的司马之职。当时有人给桓温送药草，其中有一味远志。桓温拿出来问谢安："这种药也叫小草，为什么同一种东西却有两种名称呢？"谢安没有立即回答，当时郝隆在座，应声回答道："这很容易解释，埋在土里就是远志，露出地面就是小草。"谢安露出很惭愧的神情。桓温看着谢安笑着说："郝参军这个解释不算坏，也极有意趣。"

考试重点字词

　　（1）始：开始，最初。　（2）臻：到达。　（3）就：就任。

　　（4）饷：赠送。　（5）即：立即。　（6）时：当时。

点评

　　谢安面对桓温的提问"此药又名小草，何一物而有二称"，自知理亏，没有立即回答，而在一旁坐着的郝隆却一语双关，既道破了其中的原因，又讥讽了谢安，令谢安十分羞愧。

十三

　　习凿齿①、孙兴公②未相识，同在桓（huán）公坐。桓语（yù）孙："可与习参军共语。"孙云："蠢尔蛮（mán）荆（jīng），敢与大邦为仇③！"习云："薄伐猃（xiǎn）狁（yǔn），至于太原④。"

注 释

① 习凿齿：字彦威，荆州襄阳郡人。桓温任荆州刺史时，聘他任从事、西曹主簿，后因触犯了桓温，降为户曹参军。

② 孙兴公：孙绰，字兴公，太原中都人。

③ "蠢尔"句：语出《诗经·小雅·采艺（qǐ）》："蠢尔荆蛮，大邦为仇"，这句话的大意是：你们这些愚蠢无知的楚国人，竟敢和我们大国为敌！孙兴公之所以引《诗经》的这句话，是想嘲笑习凿齿的籍贯荆州，是南蛮。蛮荆，本指春秋时代的楚国。

④ "薄伐"句：语出《诗经·小雅·六月》，这句话的大意是：讨伐猃狁，到了太原（指把猃狁赶出了太原）。习凿齿引《诗经》的这句话，是为了嘲笑孙兴公的籍贯是猃狁所在之地。猃狁，古代北方的一个民族，即北狄，后来成为匈奴。

译 文

习凿齿和孙兴公还不认识的时候，一起在桓温家作客。桓温对孙兴公说："可以和习参军一起谈谈。"孙兴公说："你们这帮荆蛮蠢蠢欲动，竟然敢和大国为敌！"习凿齿说："讨伐猃狁，打到了你们老家太原。"

考试重点字词

（1）坐：作客。 （2）仇：仇敌。

（3）伐：讨伐。 （4）至于：到了。

点评

孙兴公引用诗经中的句子"蠢尔荆蛮，大邦为仇"嘲笑习凿齿的籍贯是蛮荆，而习凿齿也不甘示弱，同样引用诗经中的句子"薄伐猃狁，至于太原"来回敬孙兴公的籍贯曾经是匈奴所在之处，表现了习凿齿的聪慧和机智。

十四

王文度、范荣期①俱为简文所要，范年大而位小，王年小而位大。将前，更相推在前，既移久，王遂在范后。王因谓曰："簸（bò）之扬之，糠（kāng）秕（bǐ）②在前。"范曰："洮（táo）之汰之，沙砾③（lì）在后。"

注释

① 王文度：王坦之，字文度。范荣期：范启，字荣期。二人均为东晋官员。
② 糠秕：稻、麦、谷子等的子实所脱落的壳或皮，不可食用。
③ 沙砾：沙子和小石块。

译文

王文度和范荣期一同收到了简文帝的邀请。范荣期年纪大而职位低，王文度年纪小而职位高。（到了简文帝那里，）将要往前走的时候，两个人互相推让，都要对方走在前面，推让了很久之后，王文度最终走在了范荣期的后面。王文度于是就说："簸米扬米，秕子和糠在前面。"范荣期说："淘米洗米，沙子和石子在后面。"

考试重点字词

（1）要：邀请。　　（2）年：年龄。　　（3）位：职位。
（4）推：推让。　　（5）既：已经。
（6）簸：动词，此处指簸米。　　（7）扬：动词，此处指扬米。
（8）洮：淘洗，洗去杂质。　　（9）汰：淘洗。

点评

王文度和范荣期一开始互相谦让，都让对方走在前面，谦让了很久，范荣期才走到了前面。而此时，两个人又开始互相嘲讽：王文度将范荣期比作糠秕，范荣期也不甘示弱，将对方比成了沙砾。两个人的行为和对话令人觉得十分有趣。

十五

郗（xī）嘉宾①书与袁虎②，道戴安道、谢居士云："恒任之风，当有所弘③耳。"以袁无恒，故以此激之。

注释

① 郗嘉宾：郗超，字景兴，小字嘉宾，东晋官员。
② 袁虎：袁宏，字彦伯，小字虎。
③ 弘：扩大、光大，这里指发扬。

译文

郗嘉宾给袁虎写信，评论戴安道、谢居士时说："他们这种有恒心和负责任的作风，应当有所发扬。"因为袁虎没有恒心，所以用这句话来激励他。

考试重点字词

（1）**书**：写信。　（2）**恒**：有恒心。　（3）**任**：负责任。

（4）**以**：因为。　（5）**激**：激励。

点评

郗嘉宾借戴安道、谢居士的例子来激励袁虎应当做到有恒心和负责任。

十六

二郗（xī）①奉道，二何②奉佛，皆以财贿（huì）。谢中郎③云："二郗谄（chǎn）于道，二何佞（nìng）于佛。"

注释

① 二郗：郗愔（yīn）和弟弟郗昙（tán），两人信奉天师道。

② 二何：何充和弟弟何准，两人信奉佛教，广修佛寺，供养和尚。

③ 谢中郎：谢万，字万石，东晋大臣，哥哥谢奕去世后接任西中郎将。

译文

　　郗愔和郗昙信奉天师道，何充和何准信奉佛教，他们都花费了很多财物。西中郎将谢万说："二郗奉承道教，二何讨好佛教。"

考试重点字词

（1）奉：信奉。　　　　（2）贿：赠送财物。

（3）谄：巴结，奉承。　（4）佞：谄媚，讨好。

点评

　　西中郎将谢万用"谄"和"佞"两个字来评价二郗对道教、二何对佛教的推崇，表达了他对于沉溺宗教、浪费财物行为的不齿。

十七

　　谢遏（è）① 夏月尝仰卧，谢公清晨卒（cù）来，不暇著（zhuó）衣，跣（xiǎn）② 出屋外，方蹑（niè）履（lǚ）③ 问讯。公曰："汝可谓'前倨（jù）而后恭'④。"

注释

① 谢遏：谢玄，字幼度，小字遏，东晋军事家，是谢安的侄子。

② 跣：光着脚。

③ 蹑履：穿鞋。

④ "前倨"句：语出《战国策·秦策一》。据载，苏秦贫困时，嫂不为礼。后富贵而归，嫂"蛇行匍伏，四拜，自跪而谢。"苏秦说："嫂，何前倨而后卑也？"意谓先前傲慢而现在谦卑恭敬。

译文

谢遏在夏天时曾在床上仰面躺着，清晨的时候，谢安突然来了，谢遏来不及穿好衣服，光着脚就跑到了屋外，这才穿上鞋（向谢安）问候。谢安说："你这可以说是'前倨而后恭'。"

考试重点字词

（1）尝：曾经。 （2）卒：突然。

（3）不暇：没有时间，来不及。 （4）著：穿。

（5）方：才。 （6）倨：傲慢。 （7）恭：恭敬。

成语

前倨后恭：以前傲慢，后来恭敬。形容对人的态度改变，含贬义。

点评

谢遏得知谢安突然来到，来不及穿鞋就跑出屋外迎接，表现出他对谢安到来的重视，但在古人的观念中，光着脚见客是不礼貌的，于是谢遏又赶紧穿上鞋子才向谢安问候，谢安因此调侃谢遏是"前倨后恭"。

十八

顾长康①作殷（yīn）荆州②佐（zuǒ），请假还（huán）东③。尔时例不给（jǐ）布帆④，顾苦求之，乃得。发至破冢（zhǒng）⑤，遭风大败。作笺（jiān）与殷云："地名破冢，真破冢而出⑥。行人安稳，布帆无恙（yàng）。"

注释

① 顾长康：顾恺之，字长康，晋陵人。晋陵在今江苏武进县，古属扬州，在荆州东边。

② 殷荆州：殷仲堪，时任荆州刺史。

③ 还东：回东边去，这里指回家。

④ 布帆：布做的船帆，也指帆船。

⑤ 破冢：地名，在今湖北江陵县东南长江东岸。

⑥ 破冢而出：指死里逃生。冢，坟墓。

译文

顾长康任荆州刺史殷仲堪的佐吏时，请假回家。那时按照惯例不（为佐吏）提供帆船，顾长康极力恳求殷仲堪，才得到（帆船）。帆船出发到了破冢，遇到了大风，损坏得很严重。（顾长康）写信给殷仲堪说："这个地方叫破冢，我真是像打破坟墓才出来一样。可谓行人平安，帆船无碍。"

考试重点字词

（1）尔：那。　　　（2）例：惯例。　　　（3）苦：极力。

（4）发：出发。　　（5）败：破坏。　　　（6）作笺：写信。

成语

布帆无恙：比喻旅途平安。

点评

顾长康借地名"破冢"道出了此次遭遇大风的惊险：就好像是打破坟墓才出来一样，死里逃生。

十九

苻（fú）朗①初过江，王咨议②大好（hào）事，问中国③人物及风土所生④，终无极已⑤，朗大患之。次复问奴婢（bì）贵贱，朗云："谨（jǐn）厚有识中者，乃至十万；无意⑥为奴婢问者，止数千耳。"

注释

① 苻朗：字元达，是前秦苻坚的侄儿，在前秦任青州刺史，当晋国讨伐青州时，向谢玄投降，被任用为员外散骑侍郎，渡江到扬州。

② 王咨议：王肃之，字幼恭，王羲之第四子，曾任中书郎、骠骑咨议。

③ 中国：中原地区。

④ 风土所生：风土人情及物产等。

⑤ 极已：完，尽头。

⑥ 无意：没有见识。

译文

符朗刚渡江南来时，骠骑咨议王肃之非常好奇，（向他）询问中原地区的人物和风土人情、物产等，问个没完没了。符朗非常厌恶他。王肃之接着又问奴婢价钱的高低，符朗说："谨慎忠厚有见识的奴婢，可以值到十万钱；没有见识又要就奴婢的事问来问去的，不过几千钱罢了。"

考试重点字词

（1）患：厌恶。　　（2）谨：谨慎。

（3）厚：忠厚。　　（4）数：几。

点评

符朗借回答王肃之对奴婢价钱的询问，表达了对他总是问个没完没了的不满和厌恶，让他意识到自己的问题有些太多了。

二十

顾长康啖（dàn）甘蔗，先食尾。人问所以，云："渐至佳境①。"

注释

① 佳境：美妙的境界。（按：甘蔗的头部最甜，从蔗梢吃起，越吃越甜。）

译文

顾长康吃甘蔗，先从甘蔗的尾梢吃起。有人问他这样做的原因，（他）说："这样可以逐渐进入美妙的境界。"

考试重点字词

（1）**啖**：吃。　　　（2）**尾**：末梢。　　　（3）**所以**：……的原因。

成语

渐入佳境：比喻境况逐渐好转或兴趣逐渐变得浓厚。

点评

　　因为甘蔗的根部最甜，所以顾长康吃甘蔗的时候，从末梢开始吃，从而吃到的甘蔗越来越甜。其实，我们的生活中也有很多这样的时刻，先熬过一些"不太甜"的困难时期，才能够"渐入佳境"。

二十一

　　祖广[1]行恒缩头。诣（yì）桓南郡，始下车，桓曰："天甚晴朗，祖参军如从屋漏[2]中来。"

注释

① 祖广：字渊度，时任桓玄参军。
② 屋漏：漏雨的破屋。

译文

　　祖广走路的时候经常缩着脑袋。（他）去拜访南郡公桓玄，刚一下车，桓玄就说："今天天气很晴朗，祖参军您却像是从漏雨的屋子中出来一样。"

考试重点字词

（1）**行**：走路。　　　（2）**恒**：经常。
（3）**始**：刚。　　　（4）**甚**：很。

点评

　　桓玄巧妙地运用了当时的天气作喻，将祖广走路时缩着脑袋的样子说成是像从漏雨的屋子走出来一样，幽默地劝说祖广不应该缩着脑袋走路。

二十二

桓玄素轻桓崖①。崖在京下有好桃，玄连就求之，遂不得佳者。玄与殷仲文书，以为嗤（chī）笑曰："德之休明②，肃慎③贡其楛（hù）矢④；如其不尔，篱壁间物⑤，亦不可得也。"

注释

① 桓崖：桓修，小字崖，是桓玄的堂兄弟。
② 休明：美善光明。
③ 肃慎：古代民族名，在今东北北部一带，从事狩猎。
④ 楛矢：用楛木做杆的箭。周武王克商，肃慎来进贡楛矢。
⑤ 篱壁间物：指家园所生产的东西。

译文

桓玄一向轻视桓崖。桓崖在京城的家里有良种好桃，桓玄接连去求桃种，终究没得到好的。桓玄给殷仲文写信，就这件事嘲笑（自己）说："如果道德美善光明，连肃慎这样的边远民族都来进贡楛木箭；如果不是这样，就连家园里出产的东西，也无法得到。"

考试重点字词

（1）素：一向。　（2）轻：轻视。　（3）遂：终究。
（4）嗤笑：嘲笑。　（5）贡：进贡。　（6）尔：这样。

点评

桓玄接连去向自己的堂兄弟桓崖讨要良种桃种而不得，他知道是因为桓崖是在介意自己总轻视他这件事，他意识到了自己的问题所在，所以在写信的时候自我嘲笑。

轻诋第二十六

题解

　　轻诋的意思是轻视诋毁。本篇搜集了与轻诋有关的主要事例。这些故事反映了对人不满，当面或私下指出，其中有批评，有指责，有讥讽。轻诋反映在诸多方面，包括言论、文章、行为、本性、胸怀，甚至还有形貌、语音等。

　　原文共三十三则，本书选其中五则。

　　王太尉问眉子①："汝叔名士，何以不相推重②？"眉子曰："何有名士终日妄语？"

注释

① 眉子：王玄，字眉子，是王衍的儿子，有豪气，也有才能，是当时的知名人士。他的叔父王澄，字平子，擅清谈。

② 推重：指对某人的思想、行为、成就等给予很高的评价。

译文

　　太尉王衍问王玄："你叔父是名士，你为什么不推重他呢？"王玄说："哪有名士整天胡言乱语的？"

（4）终：全，整。　　（5）妄：胡乱，随便。　　（6）语：谈论，说话。

点评

　　王玄认为他的叔父整天胡乱说话，没有真才实学，算不得名士，因此并不推重他。可见一个人想要获得他人的尊重与推崇，需要自身有真才实学。

二

　　褚（chǔ）太傅①初渡江，尝入东②，至金昌亭③，吴中豪右④燕集⑤亭中。褚公虽素有重名，于时造次⑥不相识别，敕（chì）左右多与茗（míng）汁，少著粽⑦，汁尽辄（zhé）益，使终不得食。褚公饮讫（qì），徐举手⑧共语云："褚季野。"于是四坐惊散，无不狼狈。

注释

① 褚太傅：褚裒（póu），字季野，死后追赠太傅。
② 东：对建康来说，吴郡、会稽为东。
③ 金昌亭：驿亭名，在苏州城西门附近。
④ 豪右：豪门大族。
⑤ 燕集：宴饮聚会。燕，通"宴"。
⑥ 造次：匆忙。
⑦ 粽：蜜渍瓜果，即蜜饯。
⑧ 举手：指拱手作揖。

译文

　　太傅褚季野刚渡江南下时，曾经到吴郡去，到了金昌亭，吴地的豪门大族正在亭中宴饮聚会。褚季野虽然一向有很高的名望，可是当时匆忙中没有人认出他，（主事者）就命令左右侍从多给他茶水，少放蜜饯，茶喝完了就立马添上，使他总是吃不到东西。褚季野喝完茶，慢慢地举手向大家说："我是褚季野。"于是满座的人惊慌地散开，没有一个不是狼狈不堪。

考试重点字词

（1）**初**：刚，才。　　（2）**至**：来到，到达。　　（3）**敕**：命令。

（4）**茗**：茶。　　　　　（5）**著**：放置。　　　　　（6）**辄**：马上，就。

（7）**益**：增加，与"损"相对，这里指添茶水。　　（8）**讫**：完毕，完尽。

（9）**徐**：缓慢。

点评

短文通过富有戏剧性的情节，展现出吴地的豪门大族从唐突名士到大惊失色的过程。褚季野并没有因为别人的怠慢而发怒，这个故事体现了他的谦逊大度。

三

桓公入洛，过淮、泗（sì），践北境，与诸僚（liáo）属登平乘楼，眺（tiào）瞩中原①，慨（kǎi）然曰："遂使神州陆沉②，百年丘墟，王夷甫③诸人不得不任其责！"袁虎率尔对曰："运自有废兴，岂必诸人之过？"桓公懔（lǐn）然④作色，顾谓四坐曰："诸君颇（pō）闻刘景升⑤不（fǒu）？有大牛重千斤，啖（dàn）刍（chú）豆⑥十倍于常牛，负重致远，曾不若一羸（léi）牸（zì）⑦。魏武入荆州，烹以飨（xiǎng）⑧士卒，于时莫不称快。"意以况袁。四坐既骇（hài），袁亦失色。

注释

① "桓公"句：桓温北伐，先后三次，这里指晋太和四年（公元379年）伐燕一事。平乘楼，指大船的船楼。

② 陆沉：比喻国家动乱，国土沦陷。

③ 王夷甫：王衍，字夷甫，位至三公，喜好清谈，据《晋书·王衍传》说，他"不以经国为念，而思自

全之计"（不想着治理国家，却想着如何才能保全自己的计策）。

④ 懔然：令人敬畏的样子。

⑤ 刘景升：刘表，字景升，东汉末年任荆州牧，在曹操和袁绍的斗争中想保持中立。后来曹操率军攻打他，还没有到，他就病死了。

⑥ 刍豆：饲料。

⑦ 羸牸：瘦弱的母牛。

⑧ 飨：款待。

译文

　　桓温进军洛阳，经过淮水、泗水，踏上北方地区，和下属们登上船楼，遥望中原，感慨地说道："最终使得中原国土沦陷，百年来成为荒丘废墟，王夷甫等人不能不承担这一罪责！"袁虎轻率地回答说："国家的命运本来就有兴有衰，难道一定是他们的过错吗？"桓温脸色一变，面露威严，环顾在座的人说："大家都听说过刘景升吧？他有一头千斤重的大牛，吃的饲料比普通牛多十倍，可是拉起重货走远路时，竟然连一头瘦弱的母牛都不如。魏武帝进入荆州后，（把大牛宰杀）煮了来款待士兵，当时没有人不叫好。"桓温的意思是用大牛来比拟袁虎。满座的人都惊惧不已，袁虎也大惊失色。

考试重点字词

（1）践：踏。　（2）僚属：属官，部属。　（3）慨：感慨，感叹。

（4）任：担负，承担。　（5）对：回答，多用于下对上的回答或对话。

（6）不：通"否"，在句末表询问。　（7）啖：吃。

（8）曾：竟然。　（9）况：比拟。

成语

负重致远：背着重东西走远路。比喻能够负担艰巨任务。

点评

　　桓温的一席话里蕴涵着非常深沉、复杂的意义，既是积郁已久的感情的迸发，又有着清醒而理智的思索。而袁虎却不明白这些道理，认为国家命运不是人能够左右的。

四

王北中郎①不为（wéi）林公②所知，乃著论《沙门③不得为高士④论》，大略云："高士必在于纵心调畅。沙门虽云俗外，反更束于教，非情性自得之谓也。"

注释

① 王北中郎：王坦之，曾任北中郎将。

② 林公：支遁，字道林，东晋高僧。

③ 沙门：佛教僧侣。

④ 高士：志趣、品行高尚的人，或指隐士。

译文

北中郎将王坦之不被支道林赏识，便著述《沙门不得为高士论》，（文中）大致说："志趣、品行高尚的人一定处在随心所欲、心境舒畅的境界。佛教僧侣虽说是置身于世俗之外，反而更加受到佛教戒律的束缚，这就不是本性悠闲自得的意思了。"

考试重点字词

（1）为：被。　　　　　　（2）知：赏识。

（3）云：说。　　　　　　（4）束：约束。

点评

王坦之因不被支道林赏识，心怀不满，就写文章攻击，认为佛教僧侣受戒律的束缚，算不得"高士"。这种行为令人发笑，但也体现了魏晋人士直抒胸臆的时代性格。

五

殷颛（yǐ）、庾（yǔ）恒①并是谢镇西②外孙，殷少而率悟，庾每不推。尝俱诣（yì）谢公，谢公熟视殷曰："阿巢③故似镇西。"于是庾下声语曰："定何似？"谢公续复云："巢颇似镇西。"庾复云："颇似，足作健④不？"

注释

① 殷颛：字伯通，小字巢。庾恒：字敬则。二人均为东晋官员。

② 谢镇西：谢尚，字仁祖，曾任镇西将军。

③ 阿巢：殷颛的小名。

④ 作健：做健儿，成为强者。

译文

　　殷颛、庾恒都是镇西将军谢尚的外孙。殷颛年少时就很直爽，有悟性，庾恒常常不推重他。他们曾一起去拜访谢安，谢安仔细看着殷颛说："阿巢原来像镇西。"于是庾恒低声说："到底哪里像？"谢安接着又说："阿巢的脸颊像镇西。"庾恒又说："脸颊像，就足以成为强者吗？"

考试重点字词

（1）每：常常。　（2）尝：曾经。　（3）诣：拜访。

（4）熟：仔细。　（5）下：低。　（6）定：到底，究竟。

点评

　　殷颛虽然年少的时候就很有悟性，庾恒却不推重他，所以，当谢安夸赞殷颛像谢镇西时，庾恒非但不同意，还不屑地表示"长得像就足以成为强者吗"。

假谲第二十七

题解

假谲（jué），意思是虚假欺诈。本篇记载的故事中大多涉及作假的手段，有一些是通过说谎或造假来达到一定的目的，有一些是通过阴谋诡计，而有一些则随机应变的事例，于假谲中见机智，虽然也是"谲"，但全无恶意，往往能够给人启发。

原文共十四则，本书选其中七则。

一

魏武行役（yì），失汲（jí）道①，三军皆渴。乃令曰："前有大梅林，饶子②，甘酸可以解渴。"士卒闻之，口皆出水，乘此得及前源。

注释

① 汲道：取水的道路。
② 饶子：果实很多。

译文

魏武帝曹操率领军队远行，找不到取水的路，将士们都很口渴。于是他便下令说："前面有大片的梅树林，梅子很多，味道酸甜可以解渴。"士兵们听了这番话，嘴里都流出口水来，凭借这个办法（他们）得以到达前面有水源的地方。

考试重点字词

（1）役：军队。　　（2）皆：全，都。

（3）乃：于是，就。　　（4）卒：士兵。

成语

望梅止渴：意思是梅子酸，人想吃梅子就会流口水，因而能够止渴。后来比喻愿望无法实现，用空想安慰自己。

点评

"望梅止渴"的故事，体现了曹操的机智和随机应变能力。

二

魏武常言："人欲危己，己辄（zhé）心动。"因语所亲小人曰："汝怀刃密来我侧，我必说心动。执汝使行刑，汝但勿言其使，无他①，当厚相报。"执者②信焉，不以为惧，遂斩（zhǎn）之。此人至死不知也。左右以为实，谋逆者挫气③矣。

注释

① 无他：没有别的，没事的。
② 执者：指怀刃者。
③ 挫气：挫伤了勇气，丧气。

译文

魏武帝曹操曾经说："有人想要害我时，我立刻就会心跳加速。"于是他对身边一名亲近的侍从说："你揣着刀偷偷地来到我身边，我一定会说我心跳加速。（我叫人）逮捕你去执行刑罚，你只要不说出是我指使的，就没事儿，（我）一定重金酬谢你。"那个侍从相信了他的话，不觉得害怕，于是就被杀了。这个人到死也不知道怎么回事。左右侍从都认为这是真的，想要谋反的人都丧失了勇气。

考试重点字词

（1）欲：想要。 （2）辄：就。 （3）因：于是。
（4）所：所……的。 （5）但：只要。 （6）当：一定。

（7）**焉**：句尾语气词。　（8）**以为**：认为。　（9）**遂**：于是，就。

从这个故事中，我们可以了解到曹操生性多疑、奸诈狡猾的一面。

三

魏武常云："我眠中不可妄近，近便斫（zhuó）①人，亦不自觉。左右宜深慎此。"后阳②眠，所幸③一人窃以被覆之，因便斫杀。自尔每眠，左右莫敢近者。

注 释

① 斫：砍，杀。
② 阳：通"佯"，假装。
③ 所幸：所宠幸的人。

译 文

魏武帝曹操曾经说："我睡觉时不可随便靠近，一靠近，我就要杀人，连自己也不知道。左右侍从们应该十分小心谨慎这件事。"后来（曹操）假装睡熟了，他所宠幸的一个侍从偷偷地拿被子盖在他身上，曹操就趁机把他杀了。从此以后，每当曹操睡觉时，左右侍从没有人敢靠近他。

考试重点字词

（1）**妄**：随便。　（2）**宜**：应该。　（3）**慎**：小心。
（4）**窃**：偷偷地。　（5）**以**：用，拿。　（6）**覆**：盖。
（7）**因**：趁机。

点评

曹操假装睡着，杀掉了给自己盖被子的亲信，更表现出曹操的凶狠与狡诈。

四

袁绍年少时，曾遣人夜以剑掷（zhì）魏武，少下，不著。魏武揆（kuí）[1]之，其后来必高。因帖（tiē）[2]卧床上，剑至果高。

注释

[1] 揆：揣测。
[2] 帖：通"贴"，紧挨。

译文

　　袁绍年轻的时候，曾经派人在夜里用剑投掷刺杀曹操，剑掷得稍微偏低了一些，没有刺中。曹操揣测，后面掷来的剑一定偏高，于是他就紧贴床躺着，剑掷过来果然偏高。

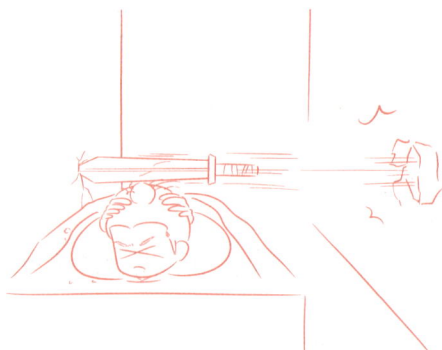

考试重点字词

　　（1）少：稍微。　　　（2）著：中。

点评

　　通过这个故事，我们可以看出曹操有极强的应变能力，同时也可以看出曹操的奸诈与狡猾。

五

王右军[1]年减[2]十岁时，大将军[3]甚爱之，恒置帐（zhàng）中眠。大将军尝先出，右军犹未起。须臾，钱凤[4]入，屏（bǐng）人[5]论事，都忘右军在帐中，便言逆节[6]之谋。右军觉，既闻所论，知无活理，乃剔吐[7]污头面被褥，诈孰眠。敦论事造半，方忆右军未起，相与大惊曰："不得不除之！"及开帐，乃见吐唾从横[8]，信其实孰眠，于是得全。于时称其有智。

注释

① 王右军：王羲之。

② 减：不足，不满。

③ 大将军：王敦，王羲之的堂伯父。

④ 钱凤：字世仪，任王敦的参军，是王敦的谋士。王敦发动叛乱失败后，他也被杀。

⑤ 屏人：叫别人避开。

⑥ 逆节：叛逆造反。

⑦ 剔吐：用指头抠出口水。

⑧ 从横：纵横，此指到处都是。

译文

　　右军将军王羲之不满十岁的时候，大将军王敦很喜爱他，常常安排他在自己的床帐中睡觉。曾经有一次王敦先起床出来，王羲之还没有起床。过了一会儿，钱凤进来，王敦屏退手下，和钱凤商议事情，全都忘了王羲之还在床帐中，就说起叛乱的计划。王羲之醒来，已经听到了他们谈论的事，就知道没法活命了，于是抠出口水，把头脸和被褥都弄脏了，假装睡得很熟。王敦商量事情到一半，才想起王羲之还没有起床，两个人都内心十分惊慌，说："不得不把他除掉！"等到掀开帐子，才看见王羲之的口水到处都是，就相信他真的睡得很熟，于是王羲之得以保全性命。当时人们都称赞他有智谋。

考试重点字词

（1）甚：很。　　（2）爱：喜欢。　　（3）恒：经常。

（4）犹：还。　　（5）须臾：片刻，一会儿。

（6）屏：屏退。　　（7）便：于是，就。　　（8）言：讨论。

（9）诈：假装。　　（10）孰：通"熟"。　　（11）造：到。

（12）方：才。　　（13）相与：互相，彼此。

（14）及：等到。　　（15）得：能够。

点评

　　王羲之小小年纪就能够表现出难得的临危不乱，并且急中生智保住了自己的性命。不过，王敦作为王羲之的伯父，如此疼爱他，却在权宜面前如此决绝，也能看出王敦心狠手辣的一面。

六

温公①丧妇，从姑刘氏家值乱离散，唯有一女，甚有姿慧②。姑以属③公觅婚。公密有自婚意，答云："佳婿难得，但如峤（qiáo）比云何？"姑云："丧败之余④，乞粗⑤存活，便足慰吾余年，何敢希汝比？"却后少日，公报姑云："已觅得婚处，门地粗可，婿身名宦，尽不减峤。"因下⑥玉镜台⑦一枚。姑大喜。既婚，交礼，女以手披纱扇⑧，抚掌大笑曰："我固疑是老奴，果如所卜。"玉镜台，是公为刘越石⑨长史北征刘聪⑩所得。

| 注 释 |

① 温公：温峤，字泰真（有的版本作"太真"），东晋名将。

② 姿慧：漂亮，聪明。

③ 属：同"嘱"，嘱托。

④ 丧败之余：兵荒马乱后的幸存者。

⑤ 粗：大体上，马马虎虎。

⑥ 下：这里指下聘礼。

⑦ 玉镜台：玉制镜座，用以承托圆形的铜镜。

⑧ 扇：新娘用来遮脸的用具，疑是盖头一类。

⑨ 刘越石：刘琨，字越石，西晋政治家、文学家。

⑩ 刘聪：五胡十六国时期前汉的国君，匈奴族。

| 译 文 |

温峤的妻子去世了，他的堂房姑母刘氏一家正值流离失散之际，身边只有一个女儿，十分漂亮聪明。堂姑母嘱托温峤帮忙找门亲事。温峤私下有自己娶她的意思，就回答说："称心如意的女婿不容易找到，只是像我这样的，怎么样？"堂姑母说："（我们）是经过战乱活下来的，只求马马虎虎保住条命，就足以安慰我的晚年了，哪里还敢希望有像你这样的女婿？"过了几天，温峤回复姑母说："已经找到婚配的人家，门第还不错，女婿的名声、官位全都不比我差。"于是送上一个玉镜台作聘礼。堂姑母非常高兴。结婚那天，行了交拜礼以后，新娘用手拨开纱扇，拍手大笑说："我本来就怀疑是你，果然不出所料。"玉镜台，是温峤做刘越石的长史北伐刘聪时得到的。

考试重点字词

（1）**从姑**：堂姑。　（2）**密**：私底下。　（3）**如**：像。

（4）**何**：怎么样。　（5）**慰**：安慰。　（6）**希**：希望。

（7）**尽**：全，都。　（8）**既**：……之后。　（9）**固**：本来。

（10）**卜**：预料。

点评

　　这个故事的真实性被不少学者怀疑，但一些艺术家却对它有些偏爱。关汉卿等剧作家写的《玉镜台》故事在舞台上屡经演绎。因为爱情的曲折性给人以某种情趣。温峤想娶刘氏女，却因自己是被托付的当事人，故假托代为觅婿，而设计了自娶的情节。刘氏女的"抚掌大笑"，说明她早已看穿温峤的花招而希望如此。爱情与各自的隐瞒，让世人对这种善意的欺骗不免莞尔一笑。

七

　　谢遏（è）年少时，好著紫罗香囊（náng），垂覆手①。太傅患之，而不欲伤其意。乃谲（jué）与赌，得即烧之。

注释

① "谢遏"句：遏，谢玄的小字。香囊：晋代的男子有带香囊的风尚。至于覆手，余嘉锡《世说新语笺疏》中说："覆手不知为何物，恐是手巾之类。"

译文

　　谢遏年轻时，喜欢带着紫罗香囊，挂着覆手。太傅谢安为这事感到担忧，但是又不想伤他的心。于是就骗他打赌，把他的香囊和覆手赢过来马上就烧掉了。

考试重点字词

（1）**好**：喜欢。　　（2）**著**：带着。　　（3）**垂**：挂着。

（4）**患**：担忧。　　（5）**而**：但是。　　（6）**乃**：于是，就。

（7）**谲**：骗。　　　（8）**即**：立即，马上。

点评

　　谢玄是谢家很受器重的人，谢安不希望他因为喜欢打扮而耽误学业，不像个大丈夫，所以用了这种不会伤害他情绪的方式巧妙地引导他。在谢安等人的督促下，谢玄终于成长为一代名将。

黜免第二十八

题解

黜（chù）免，意思是降职罢官。本篇主要记述一些官员降职或罢官的原因和结果，从中可以看出统治阶级内部勾心斗角和晋王室衰微的原因，选取的篇目有的说明降职罢官的原因，有的则表达了被降职罢官后的感慨。

原文共九则，本书选其中四则。

桓公入蜀①，至三峡中，部伍②中有得猿（yuán）子③者，其母缘岸哀号（háo）④，行百余里不去，遂跳上船，至便即绝。破视其腹中，肠皆寸寸断。公闻之怒，命黜其人。

注释

① "桓公"句：晋穆帝永和二年（公元346年），桓温西伐蜀汉李势，次年攻占成都。

② 部伍：指军队。部，部曲，是古代军队的编制单位。伍，行伍，指军队。

③ 猿子：小猿。

④ 哀号：悲伤的号叫。

译文

桓温进军攻打蜀地，到达三峡时，军队里有个人抓到了一只小猿猴，小猿猴的母亲沿着江岸悲哀地号叫，一直跟着船走了一百多里也不肯离开，最后跳上了船，一跳上船立刻就死了。（众人）剖开母猿的肚子看，肠子一寸一寸地都断开了。桓温听说这事后非常生气，下令罢免了捕猿者的职务。

考试重点字词

（1）缘：沿着。　　（2）去：离开。　　（3）遂：最终。

（4）绝：气绝，死掉。　（5）黜：罢免。

成语

肝肠寸断：意思是指肝和肠断成一寸一寸，形容极度悲痛伤心。

点评

桓温被母猿爱子心切的举动打动，悲悯母猿失子之痛，厌恶捕猿者的冷漠无情，文章彰显了母爱的伟大和桓温的赏罚分明。

二

桓公坐有参军椅（jī）[1]烝（zhēng）薤（xiè）[2]不时解，共食者又不助，而椅终不放，举坐皆笑。桓公曰："同盘尚不相助，况复危难乎？"敕（chì）令免官。

注释

① 椅：通"掎"，用筷子夹菜。

② 烝薤：菜品名，较难夹取。烝，通"蒸"。

译文

桓温的宴席上有个参军用筷子夹蒸薤时没能一下子夹起来，一起吃饭的人又不帮忙，而他一直夹着不放手，满座的人都笑了起来。桓温说："同在一个盘子里吃东西，尚且不能互相帮助，更何况遇到情况危急的时刻呢？"于是下令罢免了同桌吃饭者的官职。

考试重点字词

（1）**不时解**：不能当时解决，指夹不起来。

（2）**共食者**：一起吃饭的人。

（3）**举坐**：满座，坐通"座"。

（4）**况复**：何况。　　　　　　　　　　（5）**敕令**：下令。

点评

　　一方面可见桓温能以小见大，另一方面也说明他的行为有些武断。从吃饭的时候不帮忙就推断到危难的时候也不会帮忙，未免有些专断。

三

　　桓玄败后，殷仲文还为大司马咨议，意似二三，非复往日[1]。大司马府听前有一老槐，甚扶疏[2]。殷因月朔（shuò）[3]，与众在听，视槐良久，叹曰："槐树婆娑（suō）[4]，无复生意！"

注释

① "桓玄"句：晋安帝元兴元年（公元402年），桓玄起兵反帝室，攻入建康，第二年称帝，到第三年刘裕起兵讨桓玄，桓玄败逃。殷仲文是桓玄姐夫，曾经投奔桓玄，任侍中，后随桓玄出逃，最终脱离桓玄，回到京城。大司马：这里指刘裕。咨议：即咨议参众，谋议军事要务，位在其他参军之上。二三：时二时三，不专一，反复无定。

② 扶疏：原指枝叶繁茂的样子，此则指枝叶或下垂，或凋零，了无生意貌。

③ 月朔：阴历每月初一。

④ 婆娑：形容枝叶纷披。

译文

桓玄失败以后，殷仲文回到朝廷任大司马咨议，心情似乎反复不定，不再像以前那样了。大司马府官厅前面有一棵老槐树，枝叶非常松散。殷仲文遵循每月初一集会的惯例，和众人同在厅堂上，（他）对着槐树看了很久，叹息说："槐树枝叶散乱，不再有生机了！"

考试重点字词

（1）听：通"厅"。　　（2）因：遵循。　　（3）生意：生机。

点评

殷仲文很有才华，受到很多人的重用，但他心性不定，反复无常。他先是投靠桓玄，桓玄兵败后又上表请罪，回到朝廷任职，但从此不得志，以致精神涣散，并最终惹来杀身之祸。殷仲文叹息"槐树婆娑，无复生意"，即是对自己人生失意、了无生趣的慨叹。

四

殷仲文既素有名望，自谓必当阿（ē）衡朝政①。忽作东阳太守，意甚不平②，及之郡，至富阳，慨然叹曰："看此山川形势，当复出一孙伯符③。"

注释

① 阿衡朝政：辅佐帝王，主持国政。阿衡，一说是商初贤相伊尹之字，这里指辅佐。

② "忽作"句：殷仲文脱离桓玄归朝廷后，任大司马咨议，忽调离京都，出任扬州东阳郡太守，实际却是降职，所以心理不平衡。

③ 孙伯符：孙策，字伯符，东汉末吴郡富春（晋代改富阳）县人，曾任会稽太守，平定江东，为他弟弟孙权创立吴国奠定了基础。这句暗示自己要当孙伯符式的人物。

译文

殷仲文本来一向很有名望，自认为一定能担当辅佐帝王、主持国政的重任。忽然被调任东阳太守，心里很不平衡。等到去东阳郡，到富阳时，（他）感慨叹息说："看这里的山河地理形势，应当会再出一个孙伯符那样的人。"

考试重点字词

（1）**既**：已经，本来。 （2）**素**：一向，向来。 （3）**及**：等到。

（4）**之**：去，到。 （5）**慨然**：感慨的样子。

点评

殷仲文在富阳的慨叹虽不乏郁闷之情，却也表明了自己的内心仍有壮志。

俭啬第二十九

题解

俭啬，指吝啬。这里选的几篇，表现的是当时人物形形色色的吝啬行为。有的赠人衣物之后又索要回去，有的因为怕别人得到自己家李子的良种而将果核去掉再卖李子，有的借微薄的礼物驱逐投奔自己的亲朋好友，还有宁愿自家果实腐烂也不愿意分享给别人的。其中，有些人不仅仅对外人吝啬，甚至对自己的亲生子女也极其吝啬。

作者通过选取生活中既典型又极具特色的人物事件，加以精炼的文字表达，人物小气、吝啬的性格特点便跃然纸上，一个个"吝啬鬼"的形象如在目前。《世说新语》历来以语言风格简朴隽永为人称道，于此可窥一斑。

原文共九则，本书选其中五则。

一

王戎俭吝(lìn)，其从子①婚，与一单衣，后更责②之。

注释

① 从子：侄儿。
② 责：索取。

译文

王戎很节俭、吝啬，他的侄儿结婚，他送了一件单衣，之后又把单衣要了回去。

（1）吝：吝啬，小气。　　（2）与：赠送。

（3）更：又。　　（4）之：代词。

点评

　　王戎把赠送给别人的结婚礼物又索要回去，因为看重钱财而不顾人际交往的基本礼节，可以说悭吝至守财自封的地步。

二

　　王戎有好李，卖之，恐人得其种，恒钻其核。

译文

　　王戎家有良种李子，拿去卖，害怕别人得到他家的良种，总是先把李核钻破（使其不能发芽）。

考试重点字词

（1）恒：总是。　　（2）其：其中的。

点评

　　王戎担心别人得到自己家李子的良种，便把李核钻破使其不能发芽，虽然是这样的小事，却足见其心胸的狭隘。

三

　　王戎女适裴𫘪（wěi）①，贷钱数万。女归，戎色不说。女遽（jù）还钱，乃释然。

注 释

① 裴颜：字逸民，西晋大臣。

译 文

王戎的女儿嫁给裴颜，向王戎借了几万钱。女儿回到娘家时，王戎的脸色就很不高兴。女儿赶快把钱还给他，（王戎）这才心平气和了。

考试重点字词

（1）适：嫁给。

（2）贷：借。

（3）归：出嫁女子回娘家。

（4）色：脸色。

（5）说：通"悦"，高兴。

（6）遽：马上，连忙。

（7）乃：才。

点评

王戎连自己女儿借钱都斤斤计较，可见他是一个极度吝啬的人。

四

卫江州①在寻阳，有知旧②人投之，都不料理③，唯饷（xiǎng）王不留行④一斤。此人得饷，便命驾。李弘范⑤闻之曰："家舅⑥刻薄，乃复驱使草木。"

注 释

① 卫江州：卫展，字道舒，西晋末任鹰扬将军、江州刺史。江州官署所在地是寻阳。

② 知旧：相知的老朋友。

③ 料理：照顾，帮助。

④ 王不留行：药草名，一名剪金花，送此物，是暗示不留。

⑤ 李弘范：卫展的外甥。

⑥ 家舅：对人称自己的舅父。

| 译文 |

　　江州刺史卫展在寻阳时，有一个相知的老朋友前来投奔他，他一点儿也不照顾，只是送一斤"王不留行"草药。这人收到礼物，就命车夫驾车走了。李弘范听到这件事后说："我舅父太刻薄了，竟然役使草木（来逐客）。"

| 考试重点字词 |

（1）**投**：投奔。　　（2）**唯**：只。　　（3）**饷**：赠送。

（4）**便**：于是，就。　　（5）**乃**：竟然。

| 点评 |

　　"王不留行"这个药名，就是暗示"你快走，我不会留你的"。对待故友如此不讲情义，可见吝啬至极。

五

　　王丞相俭节，帐下①甘果盈溢不散，涉春烂败。都督②白之，公令舍去，曰："慎不可令大郎③知。"

| 注释 |

① 帐下：营帐中。

② 都督：官名，是军事长官，相当于卫队长。

③ 大郎：父称长子为大郎，这里指王悦。

| 译文 |

　　丞相王导生性节俭，营帐中的甘甜的水果堆得满满的也不分给大家。到了春天水果就腐烂坏掉了。都督禀报王导，王导让他丢掉，嘱咐说："千万不要让大郎知道。"

考试重点字词

（1）盈：满。　　（2）散：分，这里指分给大家。　　（3）涉：到。

（4）白：告诉。（5）舍：丢掉。　　　　　　　　（6）慎：千万，一定。

点评

宁愿水果腐烂也不愿意分享给别人，结果那些囤积的水果全被扔掉了，这种因吝啬而导致的浪费行为，是不值得学习的。

汰侈第三十

题解

汰侈，指奢侈铺张。与"俭啬"篇相反，本篇记载的是当时人物那些奢侈浪费的行为。比如主人饮酒作乐而置家奴的性命于不顾，比如彼此之间夸豪比奢、竞相斗富，还有的人竟然只为了吃一口肉随意地宰杀动物等。当然，在奢侈浪费的背后，还反映了当时人们病态的攀比心理，以及对生命本身的漠视和不尊重。

这些故事作为反面示例，给人们带来的启示，不仅是应该杜绝铺张浪费以及竞相斗富、夸豪比奢的攀比风气，也提醒世人应尊重生命、敬畏生命，而对于生命的尊重和敬畏，也不应该有物种的分别。

原文共十二则，本书选其中四则。

一

石崇（chóng）①每要（yāo）客燕集，常令美人行酒。客饮酒不尽者，使黄门②交③斩美人。王丞相与大将军尝共诣崇，丞相素不能饮，辄（zhé）自勉强，至于沉醉。每至大将军，固不饮以观其变。已斩三人，颜色如故，尚不肯饮。丞相让之，大将军曰："自杀伊家人，何预卿（qīng）事？"

注释

① 石崇：字季伦，晋代人，曾任荆州刺史，因劫夺远使、客商而致富。常与贵戚王恺等斗富，后被害。
② 黄门：阉人，可以在内庭侍候的奴仆。
③ 交：接连，轮流。（按：黄门不止一人，轮流斩杀美人。）

译文

石崇每次邀请客人举行宴会，常常让美人劝酒。客人没有把酒喝光，就叫家奴轮流斩杀劝酒的美人。丞相王导和大将军王敦曾经一同去拜访石崇家，王导一向不能喝酒，总是勉强自己喝，直到大醉。每当轮到王敦，他坚持不喝来观察石崇到底要干什么。（石崇）已经连续杀了三个美人，王敦神色不变，还是不肯喝酒。王导责备他，王敦说："他杀他自己家里的人，关你什么事？"

考试重点字词

（1）要：通"邀"，邀请。　（2）令：使，让。

（3）诣：拜访。　（4）素：平素，一向。

（5）辄：表示多次重复，"总是""往往"的意思。

（6）固：坚决，坚持。　（7）尚：还。

（8）让：责备。　（9）伊：他。

点评

石崇饮酒作乐，因为客人不喝酒而杀害无辜的美人，可见他心狠手辣。大将军王敦对美人被杀无动于衷，也反映了他生性冷酷。这两个人对生命是漠然的，是不尊重的。

二

王君夫①以饴（yí）②糒（bèi）③澳釜④，石季伦用蜡烛作炊。君夫作紫丝布⑤步障⑥碧绫里四十里，石崇作锦步障五十里以敌之。石以椒⑦为泥，王以赤石脂⑧泥（nì）壁。

注释

① 王君夫：王恺，字君夫，是晋武帝司马炎的舅父，与石崇（字季伦）斗富时，经常得到晋武帝的帮助。

② 饴：麦芽糖。

③ 糒：干饭。

④ 澳釜：擦锅。

⑤ 紫丝布：用紫色的丝织成的布。

⑥ 步障：古代贵族出行，于道旁设置用来遮蔽风尘或禁止人们窥视的幕布。

⑦ 椒：指花椒，其种子可用来和泥涂墙。

⑧ 赤石脂：风化石的一种，可用来涂饰墙壁。

译文

王君夫用麦芽糖和干饭来擦锅，石季伦用蜡烛来烧饭。王君夫用紫丝布做步障，将碧绿色的细薄而有花纹的丝织品包在上面，长达四十里，石季伦则用锦缎做成长达五十里的步障来和他匹敌。石季伦用花椒当做泥来刷墙，王君夫则用赤石脂当做泥来刷墙。

考试重点字词

（1）敌：匹敌。　（2）以：用。

（3）为：作为。　（4）泥：涂抹。

成语

齐奴布障：指有钱人夸豪比奢，竞相斗富。

点评

王君夫、石季伦两人夸豪比奢，挥霍无度，大肆浪费，令人鄙夷。

三

王君夫有牛名八百里驳（bó）①，常莹②其蹄角。王武子语（yù）君夫："我射不如卿，今指赌卿牛，以千万对之。"君夫既恃（shì）手快③，且谓骏物④无有杀理，便相然可⑤，令武子先射。武子一起便破的，却据胡床，叱（chì）左右速探牛心来。须臾，炙（zhì）至，一脔（luán）⑥便去。

注释

① 八百里驳：牛名。八百里，指可日行八百里。驳，指牛身毛色不纯。
② 莹：珠玉的光彩，这里指磨得晶莹光洁。
③ 手快：技术好，这里指射箭技术高超。
④ 骏物：这里指好牛，跑得快的牛。
⑤ 然可：答应。
⑥ 脔：切成小块的肉。

译文

王君夫有一头牛名叫八百里驳，他常把牛的蹄和角磨得晶莹发亮。有一次，王武子对王君夫说："我射箭的技术赶不上你，今天想指定你的牛做赌注，和你赌射箭，我押上一千万钱来抵你这头牛。"王君夫既仗着自己射箭技术好，又认为没有杀这种神骏之物的道理，就答应了他，并且让王武子先射。王武子一箭就射中了靶心，（他）退下来坐在胡床上，大声命令左右侍从赶快把牛心掏出来。过了一会儿，烤好的牛心送来了，王武子吃了一小块就走了。

考试重点字词

（1）语：告诉，对……说。　（2）卿：对对方表示亲近的称呼。
（3）恃：依仗。　（4）却：后退。
（5）叱：大声命令。　（6）炙：烤肉。

点评

王武子通过比试赢得了一头很精致的牛，但把牛杀死却只为吃一口牛心，可见其残忍、浪费。

四

石崇与王恺（kǎi）争豪①，并穷绮丽，以饰舆（yú）服。武帝，恺之甥也，每助恺。尝以一珊（shān）瑚（hú）树高二尺许赐恺，枝柯扶疏，世罕其比。恺以示崇，崇视讫（qì），以铁如意击之，应手而碎。恺既惋惜，又以为疾己之宝，声色甚厉。崇曰："不足恨，今还卿。"乃命左右悉取珊瑚树，有三尺、四尺，条干绝世②，光彩溢目者六七枚，如恺许③比甚众。恺惘（wǎng）然④自失。

注释

① 豪：豪华，阔绰。
② 绝世：冠绝当代，举世无双。
③ 许：这样。
④ 惘然：失意的样子。

译文

石崇和王恺争比阔绰，两人都用尽最鲜艳华丽的东西来装饰车马、服装。晋武帝是王恺的外甥，常常资助王恺。他曾经把一棵二尺来高的珊瑚树送给王恺，这棵珊瑚树枝条繁茂，世上很少有和它相当的。王恺拿来给石崇看，石崇看后，拿铁如意敲它，珊瑚随手就被打碎了。王恺既惋惜，又认为石崇是妒忌自己的宝物，十分愤怒。石崇说："不值得遗憾，现在就赔给你。"于是就叫左右侍从把家里的珊瑚树全都拿出来，有三尺、四尺高的，枝条举世无双，光彩夺目的有六七棵，像王恺那样的就更多了。王恺看了，怅然若失。

考试重点字词

（1）穷：用尽。　（2）饰：装饰。　（3）讫：完毕。
（4）击：敲打。　（5）疾：妒忌。　（6）足：值得。
（7）恨：遗憾。

成语

光彩溢目：犹光彩夺目。形容鲜艳耀眼。

惘然自失：因不如意而感到不痛快。形容神志迷乱，像失去什么似的。

点评

王恺的珊瑚树已经是世所罕有，石崇则有更多、更珍贵的珊瑚树，可见他的豪奢。

忿狷第三十一

题解

忿（fèn），指生气、愤恨；狷（juàn），这里指人胸襟狭窄，性情急躁。本篇所记的这些人物，因为生活中的一点小事就发急动怒，难以管理好自己的情绪。文章往往是通过这种不值一提的小事，或者几个简单的动作，就将人物的暴怒、急躁、心胸狭隘的形象特点表现出来。

原文共八则，本书选其中六则。

一

魏武有一妓（jì），声最清高，而情性酷恶。欲杀则爱才，欲置①则不堪。于是选百人，一时俱教。少时，果有一人声及之，便杀恶性者。

注释

① 置：赦免。

译文

魏武帝曹操有一名歌女，歌声特别清脆高亢，可是性情极其恶劣。（曹操）想杀了她却又爱惜她的才能，想留着她又难以忍受她的性情。于是他就挑选了很多人，同时训练。不久，果然有一名歌女的歌喉比得上她，（曹操）便杀了那个性情恶劣的歌女。

考试重点字词

（1）清高：高亢清脆。　　（2）酷：极其。

（3）堪：能忍受。　　（4）百：概数，指很多。

（5）俱：都。　　　　　　　　（6）少时：不久。

（7）及：比得上。

　　曹操最初留下性情恶劣的歌女，是他爱才惜才的表现。找到了比得上那位歌女的歌女后，曹操果断杀了性情恶劣的那一个，残忍至极。

二

　　王蓝田①性急。尝食鸡子，以箸（zhù）刺之，不得，便大怒，举以掷（zhì）地。鸡子于地圆转未止，仍下地以屐（jī）②齿蹍（niǎn）之，又不得，瞋（chēn）甚，复于地取内（nà）口中，啮（niè）破即吐之。王右军闻而大笑曰："使安期③有此性，犹当无一豪可论，况蓝田邪（yé）？"

注释

① 王蓝田：王述，字怀祖，东晋官员，被封蓝田侯。

② 屐：木板鞋。底部前后有两块突出的木头，就是屐齿。

③ 安期：王述的父亲王承，字安期，在当时名望很大。

译文

　　蓝田侯王述性情急躁。曾经在吃鸡蛋的时候，用筷子去戳鸡蛋，没有戳进去，便十分生气，拿起鸡蛋扔到了地上。鸡蛋在地上转个不停，他就下地用木屐齿去踩，又没有踩到。他愤怒至极，又从地上捡起（鸡蛋）放进嘴里，咬破后立即吐了出来。王羲之听说后大笑说："假使王承有这种性格，尚且没有一点可取之处，何况是他儿子王述呢？"

考试重点字词

（1）鸡子：鸡蛋。　　　　　　　（2）箸：筷子。

（3）瞋甚：愤怒至极。　　　　　　（4）内：通"纳"，放进。

（5）啮：咬。　　　　　　　　（6）豪：通"毫"，比喻极其细微。

点评

　　本文所记只是生活中吃鸡蛋这一件小事，但极为典型，刻画了王蓝田急躁的性格特点。

三

　　王司州①尝乘雪往王螭（chī）②许。司州言气③少有牾（wǔ）逆④于螭，便作色不夷（yí）⑤。司州觉恶（wù）⑥，便舆（yú）床⑦就之，持其臂曰："汝讵（jù）复⑧足与老兄计？"螭拨其手曰："冷如鬼手馨（xīn）⑨，强来捉人臂！"

注 释

① 王司州：这里指王胡之。
② 王螭：王恬，小名螭虎，是王胡之的堂弟。
③ 言气：言语态度。
④ 牾逆：触犯。
⑤ 不夷：不平和，不愉快。
⑥ 恶：不好，不满。
⑦ 舆床：搬动坐榻。
⑧ 讵复：难道再。
⑨ 馨："宁馨"的省略，为晋宋方言，同"般""样"。

译 文

　　司州刺史王胡之曾经趁着大雪前去王螭府上。王胡之的言语态度稍微有点冒犯王螭，王螭就变了脸色不高兴。王胡之察觉到了（王螭的）不满，就搬动坐榻靠近王螭，拉着他的手臂说："你难道还值得和老兄我计较吗？"王螭拨开他的手说："冷得像鬼手一样，还硬要来拉我的胳膊！"

（1）乘：趁着。　　　　　　（2）就：靠近。

（3）足：值得。　　　　　　（4）计：计较。

点评

　　为人应懂得宽容大度。王胡之在做错事情之后及时道歉，而王螭不仅没有接受道歉，反而恶语相向，实在是不值得学习。

四

　　桓宣武①与袁彦道②樗（chū）蒱（pú）③。袁彦道齿不合④，遂厉色掷去五木。温太真⑤云："见袁生迁怒，知颜子为贵⑥。"

注释

① 桓宣武：桓温。

② 袁彦道：袁耽，字彦道，东晋官员。

③ 樗蒱：古代一种赌博棋戏，以掷五木决胜负。

④ 齿不合：齿是博齿，也即骰子。这里所谓齿不合，可能指所掷点数不符合自己的心意。

⑤ 温太真：温峤。

⑥ "见袁生"句：颜子，指颜回，是孔子的弟子。孔子说过："有颜回者，好学，不迁怒，不贰过。"袁彦道迁怒，就比不上颜回了。

译文

　　桓温和袁耽赌博，袁耽掷出的点数不符合自己的心意，就生气地把五木扔掉了。温峤说："看见袁耽把怒气发泄到五木上，就知道颜回的可贵了。"

（1）遂：于是。　　　　　　（2）厉色：脸色不好。

点评

袁彦道因为掷出的点数不符合自己的心意就大发脾气，因为一点小事不能控制自己的情绪，做出不合时宜的事，实在是不可取。温太真用颜回作对比，更加强调了"不迁怒"的可贵。

五

谢无奕①性粗强（jiàng），以事不相得，自往数（shǔ）②王蓝田，肆（sì）言极骂③。王正色面壁④不敢动，半日，谢去。良久，转头问左右小吏曰："去未？"答云："已去。"然后复坐。时人叹其性急而能有所容。

注释

① 谢无奕：谢奕，字无奕，谢安之兄。
② 数：数落，责备。
③ 肆言极骂：肆意攻击、极力谩骂。
④ 面壁：脸对着墙。

译文

谢奕性情粗暴固执，因为一件事和王蓝田彼此不和，亲自前去数落王蓝田，肆意攻击谩骂。王述表情严肃地转身对着墙，不敢动，过了半天，谢奕离开了。过了很久，（王蓝田）才回过头问身旁的小官吏："走了没有？"（小官吏）回答说："已经走了。"然后才转过身又坐回原处。当时的人赞赏他虽然性情急躁，可是能宽容别人。

考试重点字词

（1）**以**：因为。　　　（2）**相得**：相互契合，指相处得非常和睦。
（3）**自**：亲自。　　　（4）**正色**：脸色严肃。　（5）**去**：离开。

点评

王述性格急躁，但懂得忍让和宽容别人，不与别人计较。

六

桓南郡[1]小儿时，与诸从兄弟各养鹅共斗。南郡鹅每不如，甚以为忿。乃夜往鹅栏间，取诸兄弟鹅悉杀之。既晓，家人咸以惊骇（hài），云是变怪，以白车骑[2]。车骑曰："无所致怪，当是南郡戏耳[3]！"问，果如之。

注释

① 桓南郡：指南郡公桓玄。

② 车骑：桓冲，桓玄的叔父，曾任车骑将军。

③ "无所"句：桓冲不可能称自己的侄儿为"南郡"。记言者将自己对当事人的称呼写成了故事中人物对人物的称呼，古人认为是"记事不中律令处"，即不合写作规矩。

译文

　　南郡公桓玄还是小孩时，和堂兄弟们各自养鹅来斗。桓玄的鹅常常斗输，对此感到非常气愤。于是就在夜间到鹅栏里，把堂兄弟的鹅全抓出来杀掉了。天亮以后，家人全都惊异害怕，说这是妖物作怪，就去把这件事告诉了车骑将军桓冲。桓冲说："没有什么东西造成怪异，应该是桓玄开玩笑罢了！"问了桓玄，果然如此。

考试重点字词

（1）从兄弟：堂兄弟。（2）忿：生气。（3）乃：于是，就。
（4）悉：都。（5）既：已经。（6）晓：天亮。
（7）咸：都。（8）云：说。（9）白：告诉。

点评

　　因为斗鹅比不过别人而生气，甚至怨恨别人，说明桓玄的得失心太强，心胸狭窄；夜里悄悄把堂兄弟们养的鹅杀掉，表明他也是一个凶残的人。

谗险第三十二

题解

谗险，指谗言和诽谤。本篇所讲的，都是谗言或奸计，即别有用心的言论或行为。原文共四则，本书选其中一则。

袁悦①有口才，能短长说②，亦有精理。始作谢玄参军，颇被礼遇。后丁艰③，服除还都，唯赍（jī）④《战国策》⑤而已。语（yù）人曰："少年时读《论语》《老子》，又看《庄》《易》，此皆是病痛⑥事，当何所益邪？天下要物，正有《战国策》。"既下⑦，说（shuì）司马孝文王⑧，大见亲待，几（jī）乱机轴⑨。俄而见诛。

注释

① 袁悦：字元礼。晋孝武帝时，袁悦得到会稽王司马道子的宠信，劝道子专揽朝政，王恭将这件事告诉了孝武帝。后来，孝武帝对司马道子逐渐不满，迁怒于袁悦，便杀了他。

② 短长说：指战国时代游说之士合纵连横的言论。

③ 丁艰：旧时遭父母之丧叫"丁艰"。子女要在家守丧三年。

④ 赍：携带。

⑤ 《战国策》：西汉刘向编订的国别体史书，主要记载了战国时代游说之士的言行，记录了他们的政治主张和策略。

⑥ 病痛：毛病，比喻小事。

⑦ 下：到京城。

⑧ 司马孝文王：会稽王司马道子，《晋书》作"文孝王"。

⑨ 机轴：指重要部门或职位，此处指朝纲。

译文

　　袁悦口才好，擅长游说，所说的话也有精辟的道理。(他)最初任谢玄的参军，深受礼遇优待。后来(他)遇到父母的丧事在家守孝，守丧期满后回到京城，只带了一部《战国策》。(他)对别人说："年轻的时候读《论语》《老子》，后来又看《庄子》《周易》，这些书讲的都是小事，能有什么好处呢？天下重要的书籍，只有《战国策》。"到了京城以后，(他)去游说会稽王司马道子，非常受亲近厚待，几乎扰乱了朝纲。没多久他就被杀了。

考试重点字词

（1）始：起初。　（2）颇：很。　（3）遇：对待。

（4）服除：守丧期满。　（5）语：告诉。　（6）皆：都。

（7）何：什么。　（8）益：好处。　（9）说：游说。

（10）见：被。

点评

　　袁悦的口才虽然很好，但他没有将自己的才能用在该用的地方，反而劝司马道子谋反，这事被晋孝武帝知道了，他当然不会坐视不管，最终袁悦咎由自取，被处死了。

尤悔第三十三

题解

尤悔，指罪过和悔恨。本篇所记的内容，大多包含对自己行为的悔恨，但也有犯下罪过而不自知的。这些过错和悔恨的产生，大多源于自私和冷酷。

原文共十七则，本书选其中八则。

一

魏文帝忌弟任城王①骁壮②。因在卞太后③阁（gé）④共围棋，并啖枣，文帝以毒置诸枣蒂中，自选可食者而进。王弗悟，遂杂进之。既中毒，太后索水救之。帝预敕（chì）左右毁瓶罐，太后徒跣（xiǎn）趋井，无以汲。须臾，遂卒。复欲害东阿⑤，太后曰："汝已杀我任城，不得复杀我东阿！"

注释

① 任城王：曹彰，字子文，卞太后第二子，被封任城王。
② 骁壮：勇猛，刚强。
③ 卞太后：魏文帝曹丕的母亲，曹丕登位时尊为太后。
④ 阁：通"阁"，内室。
⑤ 东阿：曹植，字子建，卞太后第三子，被封东阿王。（按：曹植被封东阿王是曹丕死后之事。）

译文

魏文帝曹丕忌妒自己的弟弟任城王曹彰勇猛刚强。趁着在卞太后的内室里一起下围棋、吃枣的机会，文帝把毒药藏在了枣的蒂部，自己挑可以吃的来吃。任城王没有察觉，就把有毒和没毒的一起吃了。（任城王）中毒后，卞太后找水来解救他。可文帝早就提前命令左右侍从把瓶罐都打碎了，卞太后着急地光着脚快步跑到井边，却没东西可以打水。不久，任城王就死了。（魏文帝）又想害死东阿王曹植，卞太后说："你已经害死了我的儿子曹彰，不能再害我的儿子曹植了！"

考试重点字词

（1）忌：忌妒。　　　（2）因：趁着。　　　（3）啖：吃。

（4）以：把。　　　　（5）既：已经。　　　（6）敕：命令。

（7）跣：赤脚。　　　（8）汲：从井里取水。　（9）遂：就。

（10）汝：你。

点评

曹丕毒死了自己的弟弟曹彰还不够，又想毒死另一个弟弟曹植，由此可见曹丕的猜疑心很重，完全不念及手足之情。

二

刘琨（kūn）善能招延，而拙于抚御①。一日虽有数千人归投，其逃散而去，亦复如此，所以卒无所建。

注释

① "刘琨"句：刘琨在西晋曾出任并（bīng）州（今山西省太原市）刺史，当时并州饥荒，百姓流散，寇盗猖狂。刘琨转战至晋阳，那里已是一片废墟。

译文

刘琨擅长招揽人才，却不善于安抚和驾驭他们。虽然一天之内来投奔他的有几千人，但（从他那里）逃散离去的也有这么多，因此他最终没有什么建树。

（1）**善**：擅长，善于。　　（2）**抚御**：安抚和驾驭。

（3）**虽**：虽然。　　　　　（4）**所以**：因此。

成语

亦复如此：也是这样。复：又，再。

点评

刘琨招揽来了很多人才，却留不住他们，内心大概也很遗憾和后悔吧。

三

王大将军起事，丞相兄弟诣阙（què）谢①。周侯深忧诸王，始入，甚有忧色。丞相呼周侯曰："百口委②卿！"周直过不应。既入，苦相存救。既释，周大说（yuè），饮酒。及出，诸王故在门。周曰："今年杀诸贼奴③，当取金印如斗大系肘后。"大将军至石头，问丞相曰："周侯可为三公不（fǒu）？"丞相不答。又问："可为尚书令不？"又不应。因云："如此，唯当杀之耳！"复默然。逮（dài）④周侯被害，丞相后知周侯救己，叹曰："我不杀周侯，周侯由我而死，幽冥⑤中负此人！"

注释

① "王大将军"句：大将军王敦是王导的堂兄，东晋初年（公元317年），两人共同辅佐晋元帝。永昌元年（公元322年），王敦在镇守地武昌起兵谋反，以诛刘隗为名，直下建康。当时王导任司空、录尚书事，每天带着同宗族的人到朝廷待罪。刘隗则劝晋元帝杀王氏。阙：皇宫门前两边的楼台，泛指皇宫、朝廷。

② 委：托付。（按：这句指希望周侯保全其家族。）

③ 贼奴：指王敦等叛臣。这一句指杀了叛臣后立功受赏。

④ 逮：等到。

⑤ 幽冥：暗昧，昏庸，这里指阴曹地府。

译文

　　大将军王敦起兵造反，丞相王导和兄弟们到朝廷请罪。武城侯周颢（yǐ）特别担忧王氏一家，刚进宫时，他脸上露出很忧虑的神色。王导招呼周颢说："我一家百口就拜托您了！"周颢径直地走过去没有回答。进宫后，（他）极力保全援救王导一家。获准释罪以后，周颢十分高兴，喝起酒来。等他出宫的时候，王氏一家还在门口。周颢说："今年把乱臣贼子都消灭了，肯定会拿到像斗那样大的金印挂在肘后。"王敦到了石头城，问王导说："周侯可以担任三公吗？"王导没有回答。又问："可以担任尚书令吗？"王导又没有回答。王敦于是就说："既然如此，只能把他杀了！"王导还是沉默。等周颢被害了以后，王导才知道周颢救过自己，（他）叹息着说："我没有杀周侯，周侯却因为我而死，我就是到了阴曹地府也对不起这个人啊！"

考试重点字词

（1）谢：道歉，这里指请罪。　（2）忧：担忧。

（3）色：脸色，表情。　（4）既：已经。

（5）释：解除。　（6）说：通"悦"，高兴。

（7）不：通"否"。

点评

　　当王敦问王导周侯能担任什么官职时，王导选择沉默不语，却在无言中将周侯推向了死亡。当得知周侯曾有恩于自己时，王导再悔恨也无济于事了。

四

　　王导、温峤俱见明帝，帝问温前世所以得天下之由，温未答。顷，王曰："温峤年少未谙（ān），臣为陛下陈之。"王乃具叙宣王创业之始，诛夷名族，宠树同己①，及文王之末高贵乡公事②。明帝闻之，覆面著床曰："若如公言，祚（zuò）③安得长！"

注释

① "王乃"句：宣王，指司马懿，曾受魏文帝曹丕重用。所谓"诛夷名族"，指的是宣王为了夺权，杀害了皇族曹爽和曹操的女婿、吏部尚书何晏，太尉王凌等人；所谓"宠树同己"，指的是太尉蒋济追随他杀曹爽等，宣王便进封蒋济为都乡侯。

② 高贵乡公事：文王司马昭继其兄司马师任魏大将军后，图谋代魏，杀魏帝高贵乡公，立曹奂为帝，并进爵为晋王，死后谥为文王。

③ 祚：福，引申为国运。

译文

　　王导和温峤一起谒见晋明帝，明帝问温峤前朝统一天下的原因，温峤没有回答。过了一会儿，王导说："温峤还年轻，不熟悉这些事，臣为陛下陈述吧。"王导于是具体地叙说晋宣王开始创业时，诛灭了有名望的家族，宠幸并栽培赞成自己的人，以及文王晚年杀高贵乡公的事。晋明帝听了以后，捂着脸贴到坐床上说："如果像您说的那样，晋朝的国运怎么能长久呢！"

考试重点字词

（1）俱：一起。　（2）所以：……的原因。

（3）顷：一会儿，不久。　（4）谙：熟悉。

点评

　　靠"诛夷名族，宠树同己"的行为谋来的皇位，注定是不能长久的。

五

　　阮思旷①奉大法②，敬信甚至。大儿年未弱冠，忽被笃（dǔ）疾。儿既是偏所爱重，为之祈请三宝③，昼夜不懈。谓至诚有感者，必当蒙佑。而儿遂不济④。

于是结恨释氏⑤，宿命⑥都除。

注 释

① 阮思旷：阮裕，字思旷，阮籍族弟。

② 大法：指大乘佛法，是佛教的一派，泛指佛法。

③ 三宝：佛教称佛、法、僧为三宝。佛指创教者释迦牟尼（泛指一切佛），法即佛教教义，僧指继承和宣扬佛教教义的僧徒。

④ 不济：指不能挽救；逝世。

⑤ 释氏：释是释迦牟尼的简称，释氏泛指佛教。

⑥ 宿命：佛教用语，指前世善恶决定今世命运。此处指阮思旷被事实教训，完全摒弃了宿命论。

译 文

　　阮思旷信奉佛教，恭敬信奉到了顶点。他的大儿子还没满二十岁，忽然患了很严重的病。这个儿子又是他特别喜爱和看重的，（阮思旷）就为他向三宝祈求和祷告，日夜不停地坚持着。（他）认为自己的信仰足够虔诚能被感应到，必定会得到保佑。可这个儿子终究也没救过来。（阮思旷）于是与佛教结怨，把之前信奉的宿命论全都抛弃了。

考试重点字词

　　（1）甚：很。

　　（2）弱冠：男子二十岁，在古代表示成年。

　　（3）笃：（病）重。　　　（4）谓：认为。

　　（5）遂：终究。　　　　　（6）除：抛弃。

点评

　　阮思旷原本虔诚地信奉佛教，甚至在儿子生病时日夜不停地祷告，可儿子还是过世了，由此可见，一味地求神拜佛是完全没用的。阮思旷后来明白了这个道理，悔不当初。

六

谢太傅于东①船行，小人②引船，或迟或速，或停或待。又放船③从横，撞人触岸。公初不呵遣。人谓公常无嗔（chēn）喜。曾送兄征西④葬还，日莫雨驶⑤，小人皆醉，不可处分⑥。公乃于车中手取车柱⑦撞驭人，声色甚厉。夫以水性沉柔，入隘（ài）奔激，方之人情，固知迫隘之地，无得保其夷粹（cuì）⑧。

注释

① 东：这里指建康之东的会稽。

② 小人：这里指船夫。

③ 放船：纵船，指让船任意漂荡，不加牵引。

④ 征西：指谢奕，曾任安西将军、豫州刺史，在任期间去世，追赠镇西将军（并非征西）。

⑤ 雨驶：雨很急。

⑥ 处分：处理。

⑦ 车柱：疑是支撑车篷的柱子。

⑧ 夷粹：平和纯粹。

译文

太傅谢安在会稽坐船出行，船夫划船，有时慢有时快，有时停下有时等候。有时又放任不管，任由船随意漂荡，撞着别人的船或碰着河岸。谢安从不喝斥责备，人们认为他经常喜怒不形于色。谢安曾经为他哥哥镇西将军谢奕送葬回来，天晚了，雨下得很急，车夫都喝醉了，不能驾车。于是他从车中取下车柱来撞击车夫，声音和表情都很严肃。水的本性是沉静柔和的，到了狭窄的地方就会奔腾激荡，用来比拟人的性情，自然知道人逢险境，也无法再保持平和与纯粹了。

考试重点字词

（1）引：拉，划。　　（2）或：有时候。

（3）从横：纵横，任意漂荡。　　（4）嗔：怒，生气。

（5）莫：通"暮"，日暮。　　（6）皆：全，都。

（7）夫：句首语气词。　　（8）以：按照。

（9）隘：狭窄。　　　　　　　　（10）方：比拟。

（11）固：本来，自然。

点评

即使看起来再平静的人，在遇到重大事情时也不可能没有情绪的变化。

七

简文见田稻，不识，问是何草，左右答是稻。简文还，三日不出，云："宁有赖其末而不识其本①！"

注释

① "宁有"句：意指依靠谷米生活而不识其根本。末，末端，指稻谷。本，根本，指稻禾。简文帝因不识稻禾而自责。

译文

简文帝看见田里的稻子，不认识，问是什么草，左右侍从回答是稻子。简文帝回到宫里，三天没有出门，说："哪里有依赖它的稻谷活命却不认识它的禾苗的呢！"

考试重点字词

（1）见：看，看到。　　　　　　　（2）识：认识。

（3）还：回来。　　　　　　　　　（4）宁：哪里。

点评

简文帝因为不认识稻禾而三天闭门不出，可见他的愧疚之深。

八

桓公初报破殷荆州①，曾②讲《论语》，至"富与贵，是人之所欲，不以其道得之，不处③"，玄意色甚恶。

注释

① "桓公"句：晋安帝隆安二年（公元398年），江州刺史桓玄、荆州刺史殷仲堪起兵反晋室，第二年桓玄又攻占荆州，杀殷仲堪。

② 曾：应为"会"，正好。

③ "富与贵"句：出自《论语·里仁》。

译文

桓玄刚接到打败荆州刺史殷仲堪的报告时，正有人讲解《论语》，到"财富和地位，是人人都想得到的，如果用不正当的方法去得到它，（君子）是不能接受的"这一句时，桓玄听了，神色很不好。

考试重点字词

（1）初：刚，才。　（2）破：攻下，攻克。　（3）欲：想要。

点评

桓玄接到战胜的消息后，却在听到"富与贵，是人之所欲，不以其道得之，不处"这句话时脸色变得非常不好，这说明他的战胜中有着不符合道义的地方。

纰漏第三十四

题解

纰（pī）漏，指差错疏漏。本篇所记的，大多是因为不了解实际情况而犯的一些差错，这些差错往往令双方都很尴尬。这些小故事提醒人们无论说话还是做事，都不要太过轻率。

原文共八则，本书选其中五则。

王敦初尚主①，如厕，见漆箱盛干枣，本以塞鼻，王谓厕上亦下果②，食遂至尽。既还，婢擎（qíng）金澡盘盛水，琉璃碗盛澡豆③，因倒著水中而饮之，谓是干饭④。群婢莫不掩口而笑之。

注释

① 尚主：娶公主为妻。（按：王敦娶的是晋武帝之女舞阳公主。）

② 下果：摆放果品。

③ 澡豆：古代供洗涤用的粉剂，用豆粉和药制成，用来洗手洗脸。

④ 干饭：干粮。

译文

王敦刚娶公主为妻，去上厕所时，看见漆箱里装着干枣，这本是用来堵鼻子的，王敦以为厕所里也摆设果品，便把它们都吃光了。回到屋里之后，侍女端来装水的金澡盘和装澡豆的琉璃碗，王敦便把澡豆倒入水里喝了，以为是干粮。侍女们没有一个不捂着嘴笑话他的。

考试重点字词

（1）**初**：刚刚。　　（2）**如**：去。　　（3）**以**：用。

（4）**谓**：认为。　　（5）**亦**：也。　　（6）**既**：在……之后。

（7）**因**：于是，就。

点评

　　王敦和公主刚成婚的时候，因为之前没用过富贵人家这些讲究的东西，便把用来堵鼻子的、用来洗手的都当成了吃的，闹出了笑话。

二

　　元皇①初见贺司空②，言及吴时事，问："孙皓③（hào）烧锯截一贺头，是谁？"司空未得言，元皇自忆曰："是贺劭（shào）。"司空流涕曰："臣父遭遇无道，创④巨痛深，无以仰答明诏。"元皇愧惭，三日不出。

注释

① 元皇：晋元帝。
② 贺司空：贺循，字彦先，会稽郡山阴县（今浙江绍兴）人。两晋时期名臣，孙吴后将军贺齐曾孙、孙吴中书令贺邵之子。
③ 孙皓：三国时吴国的最后一个君主，在位初期，施行明政，后沉溺酒色，昏庸暴虐，因中书令贺劭上书劝谏，便烧锯锯断了他的头。
④ 创：创伤，伤口。

译文

　　晋元帝初次召见司空贺循，谈到三国时吴国的事情，问道："孙皓烧红一把锯锯下一个姓贺的人的头颅，这个人是谁？"贺循还没有说话，元帝自己想起来说："是贺劭。"贺循流着泪说："我的父亲碰上无道昏君，我的创痛巨大而深重，无法回答陛下英明的问话。"元帝很羞愧，三天没有出门。

考试重点字词

（1）及：到。　　　　　　（2）涕：眼泪。

（3）无以：没有用来……的。

点评

　　晋元帝第一次见贺循，就因为自己的随口一问而闹出了巨大的尴尬，羞愧得三天没有出门，由此可见，晋元帝其实只是无心之问，却不幸戳中了贺循的伤痛。相比之下，残忍杀害贺劭的孙皓简直愧为人君，他的很多暴行都令人发指。

三

　　蔡司徒①渡江，见彭蚑（qí）②，大喜曰："蟹有八足，加以二螯（áo）③。"令烹（pēng）之。既食，吐下委顿，方知非蟹④。后向谢仁祖⑤说此事，谢曰："卿读《尔雅》⑥不熟，几为《劝学》死。"

注释

① 蔡司徒：蔡谟（mó），字道明，东晋大臣，官至司徒。

② 彭蚑：即"蟛蚑"，形似螃蟹，有毒。

③ "蟹有"句：语出蔡邕（yōng）《劝学篇》，蔡邕是蔡谟的堂曾祖辈。螯，螃蟹前面的一对夹钳。

④ "既食"句："非蟹"，指不是人们通常食用的螃蟹。吐下：上吐下泻。委顿：萎靡不振，疲倦。

⑤ 谢仁祖：谢尚，字仁祖。

⑥ 《尔雅》：我国第一部词典，《尔雅·释鱼》讲到蟛蚑。

译文

　　司徒蔡谟渡江南下，见到了蟛蚑，非常高兴地说："螃蟹有八只脚，加上两只螯。"叫人煮来吃。吃了以后，上吐下泻，精神疲倦，这才知道吃的不是螃蟹。后来（他）向谢仁祖说起这件事，谢仁祖说："你《尔雅》读得不熟，差点儿就被《劝学篇》害死了。"

考试重点字词

（1）**大**：非常。　　（2）**加以**：加上。　　（3）**烹**：煮。

（4）**既**：在……之后。　（5）**方**：才。　　（6）**几**：几乎，差点。

（7）**为**：被。

点评

　　蔡谟作为一个北方人，不知道南方水乡的蟹类有许多种，仅凭自己从书上得来的局部知识去以偏概全地判别事物，误将"蟛蜞"作为螃蟹来品尝，导致腹泻疲困。谢仁祖的话则是调侃蔡谟只顾读祖辈的《劝学篇》，而没有好好读词典《尔雅》，这才把蟛蜞当成了一般的螃蟹。

四

　　殷仲堪父病虚悸（jì）[①]，闻床下蚁动，谓是牛斗。孝武不知是殷公，问仲堪："有一殷，病如此不（fǒu）？"仲堪流涕而起曰："臣进退维谷。"

注释

① 虚悸：指因虚弱引起的心跳加速，心神不宁的病症。

译文

　　殷仲堪的父亲得了虚悸症，听到床下有蚂蚁的响动，认为是牛在斗。晋孝武帝不知道是殷仲堪的父亲，便问殷仲堪："有一位姓殷的，生的病就像这样吗？"殷仲堪流着泪站起来说："臣进退两难，不知说什么好。"

考试重点字词

（1）**闻**：听到。　（2）**谓**：认为。　（3）**如**：像。

（4）**此**：这样。　（5）**涕**：眼泪。

成语

进退维谷：无论是进还是退，都处在困境之中。形容处境艰难，进退两难。

点评

　　晋孝武帝之所以问"有一殷，病如此不"，大概只是出于好奇，却没想到对方竟是殷仲堪的父亲，无意之间说到了殷仲堪的伤心事，让双方都很尴尬。

五

　　王大①丧后，朝论或云国宝②应作荆州③。国宝主簿夜函白事④云："荆州事已行⑤。"国宝大喜，其夜开阁⑥，唤纲纪⑦。话势虽不及作荆州，而意色甚恬（tián）。晓遣参问，都无此事。即唤主簿数之曰："卿何以误人事邪？"

│注释│

① 王大：王忱，字元达，东晋大臣，中书令王坦之的儿子，右仆射王国宝的弟弟。（按：会稽王司马道子想让王国宝代替王大，孝武帝却任用了殷仲堪。）

② 国宝：王国宝，王忱之兄。

③ 作荆州：出任荆州刺史。

④ 白事：报告，是文书的一种。（按：王国宝误会了主簿所报告的内容，文书中只说荆州刺史已定，未说任命的是王国宝。）

⑤ 已行：已经定下来。

⑥ 阁：大门旁边的小门。

⑦ 纲纪：主簿。

译文

王大死后，朝廷中有人议论说应当让王国宝出任荆州刺史。王国宝的主簿有一天夜里封呈一份报告说："荆州刺史的任命已经定下来了。"王国宝非常高兴，当天夜里就打开侧门，叫主簿来。话头虽然没有说到出任荆州刺史的事，但神情气色已经显示出志得意满的安然。天亮后，他派人去验证打探，完全没有这回事。（王国宝）立即叫来主簿数落他说："你怎么能耽误人家的事呢？"

考试重点字词

（1）或：有的人。　（2）作：出任。　（3）夜：在晚上。

（4）函：封装。　（5）话：说，谈。　（6）及：涉及。

（7）意色：神情气色。　（8）晓：天亮。　（9）遣：派遣。

（10）何以：怎么。　（11）邪：句末语气词，呢。

点评

王国宝心里很想出任荆州刺史，因此当他听到"荆州事已行"时，高兴得以为是自己要被任用了，当天夜里就和主簿谈论起当前的形势。第二天他得知根本没有这回事，是自己高兴得太早了，因此恼羞成怒。

惑溺第三十五

题解

惑溺，指沉迷不悟。这里的沉迷，指沉迷于嫉妒、情爱、财富等无法自拔，常常给人带来不好的影响或后果。

原文共七则，本书选其中四则。

一

贾公闾①（lǘ）后妻郭氏酷妒。有男儿名黎民，生载周②，充自外还，乳母抱儿在中庭，儿见充喜踊（yǒng），充就乳母手中呜之③。郭遥望见，谓充爱乳母，即杀之。儿悲思啼泣，不饮它乳，遂死。郭后终无子。

注释

① 贾公闾：贾充，字公闾，魏晋时期大臣。
② 载周：满周岁。
③ 呜之：亲之。

译文

贾充的后妻郭氏嫉妒心很重。她有一个儿子名叫黎民，出生刚满一周岁时，贾充从外面回来，奶妈正抱着小孩在院中，孩子看见贾充高兴得跳起来，贾充就在奶妈手里亲了小孩一下。郭氏远远地望见了，认为贾充爱上了奶妈，立刻把奶妈杀了。小孩想念奶妈，悲伤地哭个不停，不吃其他人的奶，最终饿死了。郭氏此后最终没有再生儿子。

考试重点字词

（1）酷：极度，十分。　（2）还：回来。　（3）踊：跳。

（4）就：靠近。　（5）即：立刻。　（6）它：别人的。

（7）遂：最终。

点评

　　郭氏的嫉妒心真的很重，仅仅因为望见丈夫亲了奶妈手中的儿子一下，就残酷地杀死了奶妈；而她自己也因此受到了惩罚——唯一的儿子因为不吃别人的奶饿死了。在日常生活中，我们难免会产生嫉妒心理，但一定不能像郭氏一样放任自己的嫉妒心，从而造成无法挽回的损失。

二

　　孙秀①降晋，晋武帝厚存②宠之，妻（qì）以姨妹蒯（kuǎi）氏，室家甚笃（dǔ）。妻尝妒，乃骂秀为"貉（háo）子③"。秀大不平，遂不复入。蒯氏大自悔责，请救于帝。时大赦（shè），群臣咸见。既出，帝独留秀，从容谓曰："天下旷荡④，蒯夫人可得从其例不（fǒu）？"秀免冠（guān）⑤而谢，遂为夫妇如初。

注　释

① 孙秀：字彦才，三国时吴国人，曾任夏口督，是王室的至亲。吴国亡国之主孙皓想除掉他，他事先知道了，便投奔晋国。

② 存：关心，关怀。

③ 貉子：此为骂人之语。当时中原士族对江东吴人的贬称。

④ 旷荡：宽阔广大，此处指宽宏大量。

⑤ 免冠：脱下帽子。古人免冠是表示谢罪。

译文

孙秀投降了晋国，晋武帝格外关怀宠信他，将自己姨家的表妹蒯氏嫁给他，夫妻两人的感情很深厚。妻子蒯氏曾经因为妒忌，竟骂孙秀是"貉子"。孙秀十分不满，就不再进入内室。蒯氏十分悔恨和自责，向武帝求助。当时正赶上大赦天下，群臣都受到召见。退朝后，武帝单独把孙秀留了下来，温和地对他说："国家宽宏大量，实行大赦，蒯夫人是否也可以像这样得到宽恕呢？"孙秀脱帽谢罪，于是夫妻两人和好如初。

考试重点字词

（1）**降**：归降。　　（2）**厚**：格外。　　（3）**妻**：以女嫁人。

（4）**室家**：夫妇。　（5）**笃**：感情深厚。（6）**乃**：竟然。

（7）**大**：十分。　　（8）**不**：通"否"，是否。（9）**谢**：谢罪。

点评

孙秀夫妻二人本来恩爱有加，生活幸福，但由于蒯氏心生嫉妒，骂丈夫为"貉子"，惹怒了孙秀。幸亏晋武帝从中巧妙劝解，不然，这对夫妻不知什么时候才能和好。

三

王安丰[1]妇常卿安丰[2]。安丰曰："妇人卿婿（xù），于礼为不敬，后勿复尔。"妇曰："亲卿爱卿，是以卿卿。我不卿卿，谁当卿卿[3]！"遂恒听之。

注释

[1] 王安丰：王戎，曾任安丰侯。

[2] 卿安丰：称安丰为卿。卿，相当于"你"，常用来称呼地位、辈分低于自己的人；也用于平辈之间，显得亲昵而不拘礼节。

[3] "亲卿"句：按礼法，夫妻要相敬如宾，而王妻认为夫妻相亲相爱，不用讲客套。卿卿：以"卿"称呼你。前一个

"卿"为动词，后一个为代词。

译文

安丰侯王戎的妻子常常称王戎为"卿"。王戎说："妇人称夫婿为'卿'，在礼节上属于不尊敬，以后不要再这样了。"妻子说："我亲你爱你，所以才称呼你为'卿'。我不用'卿'称呼你，谁应当用'卿'称呼你呢！"于是（王戎）就一直任由她这样称呼了。

考试重点字词

（1）尔：这样。

（2）是以：所以。

（3）恒：一直。

成语

卿卿我我： 表示夫妻或恋人之间的感情很好，十分亲昵。

点评

魏晋时期，"卿"常用于地位高的人称呼地位低的人，而在古代，妻子的地位是低于丈夫的，因此妻子用"卿"称呼丈夫，是不合适的。王戎一开始不同意妻子用卿称呼自己，但挡不住妻子的深厚情谊，后来还是任由她这样叫了，表现了他对妻子的爱之深。

四

王丞相有幸妾①姓雷，颇预政事，纳货②。蔡公③谓之"雷尚书④"。

注释

① 幸妾：受宠爱的妾。

② 纳货：收受贿赂。

③ 蔡公：蔡谟。

④ 尚书：官名，掌管文书奏章，协助皇帝处理政务。

译文

丞相王导有个爱妾姓雷，经常干预政事，收受贿赂。蔡谟称她为"雷尚书"。

考试重点字词

（1）预：干预。　　　　　　（2）谓：称呼。

点评

王导本是一代名相，但却因为沉迷情爱，任由自己的爱妾收受贿赂，给自己抹上了不光彩的一笔。

仇隙第三十六

题解

  仇隙，指仇怨和嫌隙。本篇所讲的，都是与仇怨有关的故事。这些仇怨，有的是从父辈延续下来的，有的是因为个人利益和好恶而结下的，但不论是出于什么原因，这些仇怨给双方带来的影响都是消极的。

  原文共八则，本书选其中六则。

一

  刘玙（yú）兄弟①少时为王恺（kǎi）②所憎（zēng），尝召二人宿，欲默除③之。令作阬（kēng），阬毕，垂加害矣。石崇素与玙、琨善，闻就恺宿，知当有变，便夜往诣（yì）恺，问二刘所在。恺卒（cù）迫④不得讳（huì）⑤，答云："在后斋（zhāi）⑥中眠。"石便径入，自牵出，同车而去，语曰："少年何以轻就人宿？"

注释

① 刘玙兄弟：指刘玙、刘琨兄弟二人。
② 王恺：字君夫，西晋外戚、富豪。
③ 默除：暗杀。
④ 卒迫：同"猝迫"，仓促，突然。
⑤ 讳：隐讳，隐瞒。
⑥ 后斋：后面的房间。

译文

刘玙兄弟年轻的时候被王恺所憎恨，王恺曾经请他们二人到家中住宿，想要暗中除掉他们。王恺叫人挖坑，坑挖好了，就要谋害他们。石崇向来与刘玙、刘琨的关系友好，听说他们到王恺家住宿，知道会有变故，就连夜前去拜访王恺，问刘玙兄弟二人在什么地方。王恺匆忙间没办法隐瞒，回答说："在后面的房间里睡觉。"石崇就径直走进去，亲自把他们拉出来，一同坐车走了，并对他们说："年轻人为什么轻率在别人家住宿呢？"

考试重点字词

（1）**憎**：厌恶，憎恨。 （2）**尝**：曾经。 （3）**阬**：坑。

（4）**垂**：临近，快要。 （5）**善**：友好，亲近。 （6）**诣**：拜访。

点评

刘玙刘琨兄弟二人不知道在什么地方得罪了王恺，使得王恺想要加害他们，但兄弟二人却浑然不知，前去赴约，幸亏有石崇前往相救，二人才得以幸免于难。

二

王大将军执司马愍（mǐn）王[1]，夜遣世将[2]载王于车而杀之，当时不尽知也，虽愍王家亦未之皆悉，而无忌[3]兄弟皆稚。王胡之[4]与无忌长甚相昵（nì），胡之尝共游，无忌入告母，请为馔（zhuàn）。母流涕曰："王敦昔肆酷汝父，假手世将。吾所以积年不告汝者，王氏门[5]强，汝兄弟尚幼，不欲使此声著[6]，盖以避祸耳。"无忌惊号（háo），抽刃而出，胡之去已远。

注释

[1] 司马愍王：司马丞，字元敬，曾任湘州刺史，后被封为谯（qiáo）王，死后谥（shì）为愍王。

[2] 世将：王廙（yì），字世将，是王敦的堂兄弟，追随王敦叛乱，王敦曾任命他为平南将军、荆州刺史。

③ 无忌：字公寿，是司马丞的儿子。

④ 王胡之：字修龄，是王廙的儿子。

⑤ 门：家族。

⑥ 声著：声张。

译文

大将军王敦捉住了愍王司马丞，夜里派王廙把司马丞装在车里杀了他。当时不是所有的人都知道这件事，即使是愍王家里的人也不是都知道，而愍王的儿子无忌兄弟年龄都还小。王胡之和无忌长大后关系非常亲密，王胡之曾经和无忌一起游玩，无忌进屋告诉母亲，请她为（他们）准备饭食。母亲流着泪说："王敦从前肆意残害你的父亲，就是借王廙的手。我之所以多年来没有告诉你，是因为王氏家族势力强大，你们兄弟还年幼，我不想这件事声张开来，只是为了躲避灾祸罢了。"无忌听了震惊地号哭起来，拔出刀就跑出去，王胡之已经走远了。

考试重点字词

（1）虽：即使。　　　（2）皆：全，都。

（3）悉：知道。　　　（4）相昵：亲密。

（5）馔：饭食。　　　（6）涕：眼泪。

（7）酷：残害。　　　（8）假手：借……的手。

（9）盖：连词，连接上句或上一段，表示解说原由。相当于"本来""原来"。

点评

在古代，杀父之仇，不共戴天，所以当司马无忌知道朋友王胡之的父亲杀害了自己的父亲之后，便拔刀而出，想要为父亲报仇雪恨，只可惜此时王胡之已经走远了。

三

王右军素轻蓝田。蓝田晚节论誉转重①，右军尤不平。蓝田于会（kuài）

稽（jī）丁艰②，停山阴治丧③。右军代为郡（jùn），屡言出吊，连日不果。后诣门自通④，主人既哭，不前而去，以陵辱之。于是彼此嫌隙（xì）大构。后蓝田临⑤扬州，右军尚在郡。初得消息，遣一参军诣朝廷，求分会稽为越州⑥。使人受意失旨，大为时贤所笑。蓝田密令从事数⑦其郡诸不法，以先有隙，令自为其宜。右军遂称疾去郡，以愤慨致终。

注释

① 论誉转重：舆论的评价逐渐转好。
② 丁艰：指家中遭逢父母丧事，此处指王蓝田的母亲过世了。
③ 治丧：办理丧事。
④ 自通：亲自通报。
⑤ 临：监临，治理。（按：王述除服后，出任扬州刺史。）
⑥ 求分会稽为越州：会稽郡属扬州，王羲之不愿在王述管辖之下，所以请求把会稽从扬州分出并升格为越州。
⑦ 数：一一列举（罪状）。

译文

　　右军将军王羲之向来轻视蓝田侯王述。王述晚年的评价和声誉逐渐提高，王羲之更加不满。王述任会稽内史时母亲过世了，就留在山阴县办理丧事。王羲之接替他出任会稽内史，多次说要前去吊唁，可是连着好几天都没去。后来他登门亲自通报前来吊唁，主人哭了以后，他却不进去哭吊就走了，以此来侮辱王述。于是双方结下了很深的仇怨。后来王述出任扬州刺史，王羲之仍在会稽郡任上，（王羲之）刚得到王述出任扬州刺史的消息，就派一名参军前往朝廷，请求把会稽从扬州划分出来，成立越州。使者接受任务时领会错了他的意图，结果被当时的名流们大为嘲笑。王述也暗中命令属官列举会稽郡的各种不法行为，因为先前有过嫌隙，（王述）就叫王羲之自己找个合适的办法来解决。王羲之于是称病辞去了官职，因愤恨悲慨而最终送了性命。

考试重点字词

（1）晚节：晚年。　　（2）不平：愤慨不满。　　（3）出吊：去吊丧。
（4）不果：没有实现。此指没前去吊丧。　　（5）前：见面，会面。

（6）**陵辱**：凌辱，侮辱。　　（7）**嫌隙**：因疑忌而形成仇恨。

（8）**构**：结。　　　　　　　（9）**时贤**：当时社会上的名流。

（10）**遂**：于是，就。　　　　（11）**以**：因为。

点评

　　王羲之对王述的声望日隆颇感不平，甚至在王述为母亲治丧时前去凌辱，导致二人结下深仇大恨，并最终害死了自己。由此可见，做人一定不要心胸狭窄，不然不仅容易与人结怨，还会给自己招来祸患，害人害己。

四

　　王东亭与孝伯语，后渐异①。孝伯谓东亭曰："卿便不可复测。"答曰："王陵廷争，陈平从默，但问克终云何耳②。"

注释

① "王东亭"句：东亭侯王珣和王恭（字孝伯）深恨奸臣王国宝，后王恭想杀王国宝，而东亭侯王珣认为时机未到，极力劝止。这里所谓"后渐异"，疑指此。

② "王陵"句：汉惠帝死，吕后想封吕家人为王，问右丞相王陵，王陵认为不可，再问左丞相陈平，陈平认为可以。后来陈平和周勃一起诛杀诸家人，立汉文帝，安定了刘氏天下。从默：依从而不说话。克终：结果。

译文

　　东亭侯王珣和王恭两人交谈，后来意见逐渐不一样了。王恭对王珣说："您变得不可揣测了！"王珣回答说："王陵在朝廷上力争，陈平顺从而不说话，只要问最终的结果怎样就好了。"

（1）**异**：不同，有分歧。　　（2）**测**：预测。

点评

　　王珣和王恭两人都深恶王国宝擅权专政，但王恭想杀王国宝时，王珣认为王国宝的罪行尚未完全显露，除掉他时机未到，可见王珣思虑周全。

五

　　王孝伯死，县（xuán）其首于大桁（héng）①。司马太傅命驾出至标所②，孰视首，曰："卿何故趣③（cù）欲杀我邪（yé）？"

注释

① "王孝伯"句：晋安帝时，太傅司马道子专权，将王愉、司马尚之等人作为自己的亲信。隆安二年（公元398年），王恭以讨伐王愉等为名，起兵反，兵败被杀。大桁，即朱雀桥，横跨于秦淮河上。
② 标所：立柱子悬首示众的地方。
③ 趣：通"促"，急促。

译文

　　王恭（字孝伯）死后，他的首级被挂在朱雀桥上示众。太傅司马道子命人驾车到悬首示众的地方，仔细地看着王恭的首级，说道："你为什么急着要杀我呢？"

考试重点字词

（1）**县**：同"悬"，悬挂。　　（2）**孰**：通"熟"，仔细地。

点评

　　在古代的政治界，互相残害是很正常的事情，王孝伯被害后，司马道子前去看他的首级，体现了统治阶级斗争的残酷性和复杂性。

六

桓玄将篡（cuàn），桓修欲困玄在修母许袭之①。庾夫人②云："汝等近，过我余年，我养之，不忍见行此事。"

注 释

① "桓玄"句：桓玄和桓修是堂兄弟，桓修年幼时常受到桓玄的欺侮，所以怀恨在心。许：地方。
② 庾夫人：桓修的母亲。

译 文

桓玄将要篡夺帝位，桓修想趁桓玄在自己母亲那里时袭击他。桓修的母亲庾夫人说："你们是近亲，让我安心地度过余生吧，我养大了他，不忍心看到你做这种事。"

考试重点字词

（1）困：围困。　　　　　　（2）近：近亲。

点评

桓玄和桓修本是堂兄弟，桓修却想要杀害桓玄，反映了当时政治利益大于亲情的残酷现实，但母亲的劝说影响了桓修的行动。